Heibonsha Library

ニッポンのうたはどう変わったか

平凡社ライブラリー

Heibonsha Library

ニッポンのうたはどう変わったか

［増補改訂］J-POP進化論

佐藤良明

平凡社

本著作は一九九九年五月、平凡社新書の一冊として刊行された『J-POP進化論――「ヨサホイ節」から「Automatic」へ』を大幅に改訂・増補したものです。

なお本書では、西洋音階の楽曲に関し、長調の主音は「ド」、短調の主音は「ラ」とする相対音階で階名を表記しています。

目次

作図＝丸山図芸社・平凡社

ニッポンのうたはどう変わったか——増補改訂　J-POP進化論

第一章　J-POPの「J」とは何か

鼻歌も変わりゆく

これはうたを論じる本です。音楽ではなく、うた。技巧にも、芸術性にも触れません。歌唱でもなく、うたです。鼻歌がその純粋な形であるようなもの。皿を洗いながら自転車を漕ぎながら何気なく出てきてしまうもの――そんなずるずると捉えがたいものを論の俎上に載せてみようというわけです。

論じるといっても、「うた」なるものについての一般的な学理を展開しようということでもありません。この本で扱うのは、私たちが生きてきた時代、すなわち二〇世紀後半の日本でポピュラーな支持を得てきたうたと、そのルーツに限られます。

二〇世紀を通過した私たちは今、どんな「うた心」を抱いているのか。私たちはうた的に見てどんな人間なのか。

この〈私たち〉というのが問題です。J‐POP世代と、ロックおやじの父親と、松山千春ファンのお母さんと、北島三郎にしびれているばあちゃんと、みんな一つの〈私たち〉に入れてしまうのは、かなり無理があるのではないか。

その無理を承知で、過去一〇〇年ほどの日本人を、私たちのうたの担い手として、まるで一つの種族のように扱っていこうと思うのです。進化し、分化しつづけるけれども、うたに反応するときに、やはり何らかの文化的均質性を保っている集団。でありながら、その均質性を否定するかのように、次々と新しい要素をのみこんで、進化し、枝分かれしていく集団。

「日本人はどこまでいってもニッポンジンだ」という言い方には、部分的にしか賛成できません。GLAYの歌唱が部分的に演歌ぽくても、日本のうたが変わらないことの傍証にはなりません。都はるみの演歌にしても、その旋律、拍取り、バックの演奏を分析してみれば、「一九六〇年代の新しいうた」としての側面が見えてきます。

いつの時代にも、歌はダイナミックな時の変化にさらされています。異文化起源のうたと混ざりあい、新しいうたの祖型ができる、それが大成功する（みんなの心にしみる）とひとつのジャンルを生み出し、それら「新しいこころのうた」との反応において伝統のうたが姿を変える。これがうたの進化です。

西洋音楽にのっとった大衆音楽教育が形をなしたのが一九世紀の末のこと。レコードやラジオによる流行歌のシステムが整ったのが一九三〇年ごろ。それ以来、私たちのうたは、見方によっては急速に変わってきました。変化の集積は随分と大きいものがあります。変化の横幅も大きく、それは現代の音楽ジャンルの多様さをもたらし、個人の趣向に大きなバラエティを生んでいます。

どの時代にも、時代を代表するうた——国民的ヒットソングとまでは言えなくても、多くの大衆にしみこんで、その時点の私たちの心のありようを明らかにしてきたうた——があります。それらのうたを見つめながら、できればともに歌いながら、日本のうたの進化の道筋をたどってみましょう。

愛の讃歌——アムロ風

一九九七年と九八年、二年連続「紅白歌合戦」でもっとも祝福されたうたは、安室奈美恵の《Can You Celebrate?》（九七）だったかもしれません。あれを頭の中で響かせてください。「小室サウンドかよ、センスいまいちなんだよな」と言うのはよしましょう。国民的に祝福され享受される超メインストリームのうたには、なにかしら私たちの心の、嘘いつわりのない部分にふれるものがあるはずです。そういううたには、それに共鳴する心の、大げさに言えば「真実」を、覗く手掛かりが秘められていると思います。

《Can You Celebrate?》は、高揚した愛の瞬間を歌っています。女性コーラスとストリングス&ピアノ入りのバックに支えられた旋律自体は西洋風で、ブライアン・アダムスがヒットさせた『ロビン・フッド』のテーマ曲、《(Everything I Do) I Do It For You》(九一)にちょっと似た感じがしないでもありません。

特にはじまりは、もろに西洋風です。オーケストラ風のストリングスとフルートに続けて、息を吐くようにして始まるボーカルのあとを、コードを鳴らすピアノが追いかける。こんな曲想の懐かしい歌を探すと、僕の場合、思い出すのは、一九六四年のサンレモ優勝曲《夢見る想い》です。ジリオラ・チンクエッティが歌った「ノノレタ――、ノノレタ――」という、あれ。日本では伊東ゆかりが歌っていました。サビのところ、♪「この胸の、このトキメキを」と、圧倒的に歌い上げます。それがまあ、カンツォーネというものであるわけですけど。

では安室の方は？　たしかに彼女なりの熱唱が聴かれはしますが、朗々とした感じはありません。「高揚した気持」を歌うといっても、旋律の運びは、音階を一段ずつ上がったり下りたりするだけ。「永《ド》遠《ドド》て《シ》い《ラ》う《#ソラ》、言葉《ドドシド》なん《レ》て《ミ》、しらなかったよね《ファミレドレレドド》」というところの音の運びも、鍵盤をひとつずつ、上がったり下がったりするだけ。そのことで、「……あった、……あった、……よね、……よね」という、親密な語りのトーンが裏切られずにすんでいます。声量を上げて歌い込むところでも、音は微妙に外し、中間の「ララ……」のところはクールに、そして最後は感情の波に打ち負かされたみたいに声をかすれさせる。真剣で、かつセクシーで、それ全体が端正でポップな装いに包まれています。

さっき「西洋風」と言いましたが、ドラムスとピアノ連打の後からおもむろに始まる♪「ラ《ミ》ーララ《ソミ》・ララ《ソラ》ッラ《ラ》ーラ《ミ》ー（ララ《ソミ》ー）」というところはどうでしょう。Gmのコードの G の音を「ラ」にとると「ミ・ソ・ラ」の3音。二回目には「シ」が加わります。ロックやブルースに頻出する「黒人風」の音階です。

でもアムロの歌い方は、ソウル・シンガーみたいでは全然ありません。むしろ、日本語のつぶやきみたいでもあるのです。そして音階だけ見れば、この「ラーララ・ララッラーラー」は日本古来のものと別ものではありません。

ヨーロッパとブラックと日本の、それぞれの伝統音階については、あとの章でお話ししますが、とにかく《Can You Celebrate?》にも、黒人音楽にルーツをもつ要素がしっかり入っているという点だけ、今はおさえておきましょう。結婚をテーマにして、情感豊かに舞い上がるうたの中にも、ブラックの要素が入り、それが日本のうたとして無理なく収まっているという点を感じとっておいてください。同じ結婚をテーマにした歌でも、むかしテレビの「夢であいましょう」という番組で九重佑三子が歌った《ウェディング・ドレス》（六一）などは、そのワルツのリズムを含め、純粋に西洋への憧れをたきつける歌でした。今の私たちはもう、そういうのとは違ううたを心に抱えているのです。

黒いサウンドはかっこいい？

一九九〇年代後半のポップスを通観すれば、むしろUAやMisiaや、ローリン・ヒルのようなブラック・コンテンポラリー系の、「ウーウーウ――」というぐあいに音階の間をゆっくりスライドするように揺れ動く歌唱が洋楽でも邦楽でもヒットの主流をつくっていることが特徴的にうかがえます。安室の♪「いつも二人、こわれないために（ウーウーイェイ）」（《Dreaming I Was Dreaming》九七）などもこの系統に入るでしょう。

「ブラックはかっこいい」。現代の日本で、この感覚は中年未満の大人たちにはほぼ共有されているようです。ただし「かっこいい」は、ほんの一突きで「無理してる」にも転じてしまう。《Dreaming I Was Dreaming》みたいな歌は、重い。マジに深く沈んでいく感じで、カラオケで誰かがこれをバッチリ決めたとした場合、「オオッ！」という反応は起こるだろうけれど、カワイサが足りない。場が盛り上がるのは、むしろ西洋風のアニメソングや、和風の天童よしみの方かもしれません。

ある時代のうたの特性をみていくときに、ある程度頼りになる方法があって、それはその時代を代表するうたのサンプルをとってみたときに、そこにどんな保守的要素とどんな革新的要素との綱引きが見られるのかを観察する方法です。

今日のJ-POPでは、「清潔で正しい感じがする」ヨーロッパ系の曲想と、もうちょっとつっぱった感じの黒人系のサウンドが綱引きを演じているという面があります。なにかを祝福しちゃうときには、ヨーロッパ系の音づくりで舞い上がる。結婚式では、長渕剛の《乾杯》（八八）がよく歌われました。あのメロディは公的に正しいという感じがします。TUBEや槇原敬之を含め、〝ドミソ風〟のうたは保守的、または普段着という感じで、私たちはオシャレの対極に位置づけているようです。

でも、もしそうだとすると――つまり、今日本のうたのマーケットを動かしているJ-POPが、ヨーロッパの起源のうたと黒人ポップスの間を行き来しているのだとすると、J-POPの「J」は、どこにいってしまったのでしょう？　もう《リンゴ追分》の時代じゃないんだから、日本土俗の民謡みたいのは関係ない――という理解でいいんでしょうか。数世代に及ぶ西欧化の努力の末に、やっと演歌に堕ちてしまわない世代が登場したんだから、と？

そうではなくて、J-POPの「J」は、うたの面からみてもちゃんと「日本」を意味している――日本伝統の音楽要素が同居している――という話をこれからしていきましょう。

スイートな、一九歳の、ブルース

安室奈美恵の《SWEET 19 BLUES》（九六、譜①）。ソファミレドシラソ……というキラキラコロコロしたチャイムの音が鳴り、その後数回、ピアノのフレーズが繰り返されます。エルトン・ジョンのヒット曲《グッバイ・イエロー・ブリック・ロード》（七三）のイントロとよく似ています。

このかぎりでは、かわいく、きれいで、西洋っぽい。スイートです。

ところがボーカルが始まると様子が変わってくる。♪「きょうもためいきのつづき、ひとりまちをさまよってる、エスケープ……」。そんなふうに聴く人はいないでしょうが、聴きようによってはこれ、日本のわらべうたのようではないでしょうか。この節で「ヨイヨイヨイヨイ・ヨイヤサー」と歌ってみるとピタリでしょう。もちろん曲想は全然違います。本物の日本古謡みたいに「今日も・ため息の・つづき」のところを「かーごの・なーかの・とーりは」というふうには歌いません。「トンツク・トンツク・タタッター」とやっているリズム・セクションも、「セッセーセーのヨイヨイヨイ」とはちょっと違う。でも、ちょっとしか違わないとも言えます。違うのは、「ヨイヨイヨイ」と一拍ずつ頭から置いていく代わりに「タタッター」とシンコペーションするところだけです。

旋律を階名でみてみましょう。イントロのピアノはF（ヘ長調）のコードで始まって、最後のところは$B^{\flat}$（ヘ調のファラド）とC_7（ヘ調のソシレファ）を定石通り通過してFで終わるという、ありふれた展開です。

でも、それにしては出だしが奇妙ですね。学校の音楽の時間に「長調の曲は主和音を構成するドミソのいずれかの音で始まる」と習いました。西洋の歌曲だけではなく、昭和以降の日本の流行歌でも、これは厳密に守られてきた規則です。なのにこのうたは、「レレレレレレレレレレドッラー」とレで始まっている。転調したわけではありません。3小節目、4小節目に行くとはっきりするように、Fが主和音《ホームコード》という枠組みははっきり保たれています。

じゃあこの出だしは、どんな秩序にもとづいているのでしょうか。

黒人たちが作り上げたジャズには、西洋のハーモニーに収まらない複雑な和音が現れます

SWEET 19 BLUES

小室哲哉 作詞 作曲

F C Dm Am7 B♭ C7 F
G
E♭M7
きょうもためいきのつづ き
ひと りまちをさまよってるー エス
Dm7
Dm7/C
ケープ
きのう から ずっとしてる
F C Dm Am7 B♭ C7 F
SWEET, SWEET Nine - teen BLUES
F C Dm Am7 B♭ C7 F
ただすぎていくよできっとーみにつ い てゆ くーもの

譜①

が、「ドミソ」に「レ」を加えた和音は、その「レ」の音が、低い「ド」の音から数えて九番目にあたることから「ナインス・コード」と呼ばれています。《SWEET 19 BLUES》のうたのメロディは、Fを主和音《ホームコード》として、そのナインスの音で始まるわけです。二小節目（「ひとりまちをさまよってる」）も、一小節目と同じメロディラインながら、ベースは主和音のFから低いほうへ半音二つぶん下がったE♭を弾いています。不安定なコードの中で宙ぶらりんになった旋律、ということができるでしょう。みんなで輪になって歌う「かごめかごめ」とはちがい、安室の「ブルース」は、歌詞にもあるとおり「エスケープ」するうたです。共同体のしらべに素直に同調しないことが大事なわけです。

「スイート」な「一九歳」を「ブルース」にする。現代日本の一九歳の「私的なつぶやき」を——歌い込んだのではウソになってしまう本当の気持を——甘く、カッコよく、他人に伝える。そのためには、私たちのポップ・マインドに蓄積された西欧的・日本的・黒人的要素をどんな具合に調合していくか。ここがソングライター＝プロデューサー小室哲哉氏の腕の見せどころであるわけです。

もう一度、最初から。♪「きょうもためいきのつづき、ひとりまちをさまよってる、エスケープ、きのうからずっとしてる。部屋で電話を待つよりも、歩いてる時に誰か」、ここまでが、いわば、和黒折衷。そして「ベルを鳴らして」のところでのびやかな西洋音楽の進行に移ります。コード展開も自然です。そうやって、それまでの不安定さを払拭して、収まりのよい――つまり現代の日本のうたとして違和感のない――ところに引き戻されることになります。「もうすぐ大人ぶらずに……」から、そこまでの流れがもう一度繰り返され、「明日《あした》はくる」に着地して、そのまま、イントロで流した「エルトン・ジョン的」なサビに入る。

♪「Sweet, sweet nineteen blues」。無理がありません。

「和」か「黒」か、分からない

歌詞を見ると、「リズム&ブルースまるで毎日のようなスタイル」とあるので、そうか、これは黒くてブルーな青春のつぶやきなんだなと納得させられそうになりますが、どうなんでしょうか。ここのところ、旋律は「わらべうた的」と言われればそんな気もするし、ブラックなフィーリングと言えば、そんな気にもなる。

実は僕がこの問題を最初に意識したのは、一九七〇年代に大学で、小泉文夫氏の「日本の音楽」という授業を他学科聴講したときのことでした。後に著した『歌謡曲の構造』で、氏はキャンディーズの《春一番》（七六）にふれ、こう語っています。

春一番

穂口雄右 作詞 作曲

ゆき がーとけて かわ にーなって ながれてゆきます ー

譜②

> ……こういうのは二六抜き短音階というんです「譜② 原曲は1音高くBmのコードで始まる」。……ラ・ド・レ・ミ・ソという音階です。ド・レ・ミ・ソ・ラと同じですけど、ラが主音というところがちがうんですね。……有名な日本の民謡の大部分がその音階でできています。わらべ歌もほとんどがその音階でできている。……平安時代の貴族も、もちろん外国から入ってきたりっぱな雅楽を勉強しましたけど、それとは別にこうした民謡を歌うとき、心の中では本当に楽しんでいたと思います、日本民族にとってはなかなか忘れることのできない、そういう音階です。（平凡社ライブラリー版、89―90ページ）

日本民族には日本民族の旋律的アイデンティティといえるものがある。私たちの心の底には土着の音楽感覚があって、流行歌にはそれが自然に現れてくるはずだ。無理矢理抑えつけても、いつかはにじみでてくるものである。こうした観点から、小泉氏は七〇年代歌謡における「ラドレミソ」の音階の出現を「日本のうたの古層の復活」という図式で語ることを好みました。

それには戦略的な意味もあったのでしょう。いまだ西洋音楽だけが音楽であるかのような教育を進めていた当時の文部省に一泡吹かせてやりたいというお茶目な気持もあったのかもしれません。

日本のうたの深層を考えることの有用性に疑いを挟む余地はありません。この本も、その考え方の上に立っています。ただ《春一番》やピンク・レディーの《ペッパー警部》において――あるいは、これも小泉氏が挙げられている例ですが、山本リンダの《こまっちゃうナ》、美空ひばりとブルー・コメッツの《真赤な太陽》、ピンキーとキラーズの《恋の季節》において――「ラドレミソ」の音階がどこからやってきたのかという問題は、もっと細やかな扱いがされるべきだろうと思います。つまり、「あんたがたどこさ」の節がそのまま浮上してきたとは、ニュー・ミュージックからJ-POPへと日本のポピュラー・ソングの軸が動いた後の時代においては、言いがたい。この出来事は、世界のいろんな国の歌謡界へのロック・ミュージックの浸透という、世界文化史的スケールで考えるべき問題として見えてきているように思います。

六〇年代末には、日本にも和田アキ子のように、太い声でR&B（リズム&ブルース）をカッコヨク歌う歌手が出てきていました。お好きな方は、『ダイナマイト・グルーヴ・ワダ・アキコ』というCDに入っている《サニー》を聞いてみてください。

《サニー》のメロディも、ラドレミソの音階でできています。これは後できちんと述べようと思いますが、R&Bがポップス化して白人のふつうの聴衆に受け入れられるようになる過程で、旋律を構成する楽音だけみればまるで日本の民謡のようなメロディが登場してきたのです。日本のポップス・ファンがヨーロッパの澄んだメロディに憧れている間に、英米のポップスは黒人のポピュラーソングを吸収し、音階自体を変えるほどの大きな変化を遂げていたのです。

たとえば往年のツイストの王様、チャビー・チェッカーの《Let's Twist Again》（六一）。これは〈四七《ヨナ》抜き〉音階（69ページ参照）の演歌と同じく、「ドレミソラ」の5音で歌われます。そこにつけこんで、大瀧詠一がその民謡化バージョンを作り、後に細川たかしが歌いました。題して《Let's Ondo Again》。同じ旋律のまま、リズム・セクションの鳴り物だとか合いの手だとか、派手に音頭なので、笑えます。

もう一曲、金沢明子が民謡調で歌う《イエロー・サブマリン音頭》にも触れておきましょう。ビートルズの《イエロー・サブマリン》が音頭になってしまうのは、あの童謡っぽさが、西洋の童謡より、日本のわらべうたに近いものであるからです。合唱に入るすぐ前、「in the land of submarines」というところは、「ミミレドラー、ミミレ——」で終わっています。西洋のうたは、ふつうそんな中途半端な音では終わりません。それと、landという一音節を「レドラー」というふうに揺すって歌うところも非ヨーロッパ的。ドラムスも「ドンドン・ドコドン」と一種チンドン屋的な趣があります。一〇代のころから黒人のR&Bに親しみながら、ロックンロールを演奏してきた彼らが、子供っぽくトボケた調子を狙うと、日本のストリート・ミュージックにも通じた、こんな味わいが出るのでしょうか。

ブラックな感覚（B）と日本の民謡風（J）とは、イメージ的には大きく分離しているはずなのに、音の並びはよく似ている。少なくとも、ヨーロッパ風のメロディ（E）を一方においてみると、B＝J結合というのが成立しそうです。その「B」なんだけど同時に「J」という感じが、J-POPでは常套的に使われています。

《SWEET 19 BLUES》で言えば、「トンツク・トンツク」ときて、最後に一度だけ「タタッター」とシンコペーションするこのうたのリズムは、日本人にしっくりきて、しかもBなフィーリングを醸し出すものだと言えるでしょう。「今《レ》日《レ》も《レ》た《レ》め《レ》い《レ》き《レ》の《レ》つ《ド》づっき《ラ》——」という節回しも、日本人の心のつぶやきを自然に乗せつつ、R&B的感覚を醸し出すものです。

エルトン・ジョンのうたは、同じような前奏で始まっても、この点だいぶ違います。《グッバイ・イエロー・ブリック・ロード》はイントロのピアノのあと、やはりレの音で始まるのだけれど、そのメロディは「レファラ」とか「ドミソ」とか、和音のアルペジオ奏法のように大股で音階を上下する。ハーモニーが最初にあって、その構成音を並べてメロディにする節回しは、ヨーロッパの長い伝統に属するものです。歌い方も、クレッシェンド（だんだん大きく）とデクレッシェンド（だんだん小さく）を忙しく使いまくる。それに比べると安室の歌い方はずいぶん平坦です。

要するに《SWEET 19 BLUES》は、伴奏は表向き「B」っぽく、下味は「E」だったりしても、うたの部分だけとりだすと、かなり古典的に日本ぽい。それも「うた」になりきっていない、まだ日本語がうたになっていく途上のしらべに気持をあずけたという感じです。だからこそ、この歌をカラオケで歌うとき、私たちはB（ブラック）なカッコヨサを発散し、E（西洋的）なスイートさの中に収まりながらも、リラックスした自分自身でいられるのでしょう。

日本のうたを西洋のうたと対比させて論じる本はたくさんありますし、ロック音楽が、伝統的白人ポップスと黒人商業音楽との融合によってできたものだということも常識です。しかし、絵かき歌や鞠つき歌と安室奈美恵が似ていることを発見したとき、ただよく似ている（日本人のうたの心は変わらない！）と言って終わりにするのでなく、どのようにして似てきたのか、その歴史的プロセスを平易に解いた本に僕はまだ出会っていません。

その説明は、アメリカでのロックンロールの誕生とそのポップ化の過程を含むものでなくてはならないし、ロック系のポップソングが日本に入ってくる中で、日本人の音楽的趣向をどう変えていったかということにも触れるものでなくてはならないでしょう。

ブラック・ミュージック（新大陸やカリブのアフリカ系住民、及びアメリカ合衆国の二〇世紀における黒人商業音楽の展開）を吸収した新しい英米のポップソングが世界に浸透していくという大きな流れの中で、二〇世紀後半の日本の大衆のうたの展開を、私たちの心の移行過程として語ること。それがこの本のもくろみであります。

特に、昭和四〇年代（一九六五～七四）を中心とした動きは、細かくみていきたいと思っています。僕の考えでは、その時期の歌謡曲の変遷に、日本人の西洋に対する構えの変化が特にくっきりとうかがえるからです。

それ以前はどうだったか。植木等の《ハイそれまでョ》（六二）を聴いてみましょう。「あ《ミ》な《レ》た《ド》だ《♯ソ》ーけ《シ》が《ラ》ー」の出だしの部分は「ムード歌謡」というやつです。リズムはダンスホールの4ビート。旋律は欧風の和声短音階。その気取ったメロディに息がかかるような過剰な情感を入れて歌い込みます。聴きようによってはすごくキザな感じ。と突然、曲想一転。「てやんでえ」という感じで、ニッポンの本音ミュージックが、♪「てなこと言われてその気になって、三日とあけずにキャバレーへ……」という歌詞をともなって噴出してくる。

かつて私たちは、音楽的にみて、一種の精神分裂をきたしていました。文化全体がそうだったというべきかもしれません。西洋人のようにピアノを弾き、フルートを吹きこなすことに私たちは憧れ、憂いを込めたバイオリンの音色にうっとりし、ラジオで浪速節が鳴りだすとイヤ〜な気分になり、ジャズもロックも、それらはとにかく「あちら」のハイカラな音楽だと合点して真似ようと思い、二〇代なかばくらいまではそうやって憧れをガソリンにして突っ走っていくのだけれど、いつのまにか失速し、気がつけば会社帰りの屋台でおでんをつつきながら三橋美智也をハミングしている……といった具合でした。

そんなふうに二極化した心というのは、なにも日本特有のものではなく、文化的被植民者に共通したコンプレックスの、極東の島国の一バージョンにすぎないのかもしれません。そうした、洋に舞い上がりつつ、和の重力に屈してしまうという構図が、しかし、いつのまにか変化したようなのです。いつのまにか私たちは、和風も洋風も黒人風も、それぞれをプラスのイメージとして、こだわりなく折衷した曲を楽しむようになっています。

もしそうだとしたら、私たちは〈近代〉からかなりの程度抜け出てきたと言っていいんじゃないだろうか。ここで僕が言う〈近代〉とは、コロニアリズム（植民地制度とそれに伴う根性）の時代のことです。文化的覇権をもった欧米の国々は、より〝劣等〟な国に対し優越感を抱きつつ、彼らの文化にエキゾティズムを感じる。一方で日本を含む〝劣等〟国の民族は、欧米文化への屈曲したあこがれというか、愛憎入り交じったアンビバレントな感情を抱く。西洋に惹かれ、でも本音は土着の大衆文化にあって、その分裂を生きる。一〇〇年に及ぶその分裂構造が、二〇世紀末の日本ではすでに死に絶えていたとは言いませんが、しかし確実に弱体化してきていました。どのように弱体化してきたのか、その過程を日本の流行歌の変貌プロセスのなかに感じとっていきましょう。

西洋を唯一の規範としてそれに向かって背伸びしていた日本人から、国際ポップ市場に組み込まれつつ、和製の刺激と扇情サウンドを生産するに至った「Jな国民」に向けての移行プロセスを、私たちのうたの変化としてなぞってみましょう。

話は簡単ではない

この本は一九九九年の平凡社新書創刊時に刊行された『J-POP進化論』をアップデートしたものです。論じる対象は、あくまで一九九九年までの、日本と米英のヒットソングに限られますが、その間のポピュラー音楽研究の進展を受けて、論の視点を、可能な範囲で更新しています。

まず旧バージョンでは、小泉文夫の音階論に大きく依拠していました。これは一九七〇年代の考え方で、当時の民族音楽学の考え方を前提とし、そしてまた当時の日本人（三〇歳以上の一般市民）の音感も前提にしていました。それに対し、英米のロックに親しみながら育った筆者が、「七〇年代の歌謡曲の変化は、日本人の古来の音階が浮上したものというよりは、ロックの時代にグローバル化していったペンタトニック・スケールの適用という面が強い」という点を押し立てて、民族音楽の真実を語るというより、ポピュラー音楽の可変性を語ったのが『J-POP進化論』という本であったわけです。着目点は主に二つで、まず明治以来の日本の大衆ソングにおける音階の変化をたどること、そして第二に、ロックの拍取りに日本のうたがどの程度適応したのかをチェックすることでした。

レコードによる流行歌の始まりから半世紀ほど（一九七〇年代末まで）通覧しつつ、一九九〇年代のヒットソングを交えて評した旧バージョンで、「J-POP」とは、言ってしまえば「日本の流行歌」と同義であり、一九九〇年代前半に業界の戦略的な動きとして名付けられた「ジェイポップ」ではありません。一九八〇年代から徐々にポピュラー音楽研究が立ち上がってきましたが、そこでようやく学術の射程に捉えられることになった「ポピュラー・ソング」というものの日本での展開を、担当編集者と筆者が示し合わせて「J-POPの進化」と表記したのでした。

昭和年間（その最初の五〇年）に日本人のうた心の軸がどのように動いたのかを一望するという「もくろみ」は、今回の増補改訂版でも変わっていません。ただ、旧版出版後、日本内外のポピュラー音楽研究者の知見に触れ、考えの改まった部分がいくつかあります。今回の平凡社ライブラリー版では、筆者が二一世紀になって知ったこと・学んだことを含めて、同じ対象を記述・説明し直しています。どのような論点が新たに加わることになったか、明らかにしておきましょう。

まず、この本で用いるE、J、Bの記号は、それぞれ欧風、和風、黒人風の意味ではあっても、あくまでも「……風」、すなわちイメージであって、現実に、ある民族の音楽の本質に触れるものではないということ。Eは「ヨーロッパ人固有の音楽性」のようなものではなく、Bも「黒人であれば自然に身についている音楽性」という意味ではありません。

さらにいうと、Eを「すべてのヨーロッパ人が実践していた音楽」のように考えるのもうまくありません。ヨーロッパ州に住む白人の諸民族が、みんなして昔から、長調か短調に分類されるハーモニーを奏でていたわけではないのです。長短ふたつの調性によって秩序づけられる楽曲は、ざっくり言って、バッハの時代の宮廷音楽において確立されたものであり、それを一九世紀のブルジョワたちが受け継ぎ、彼らの華やかなコンサート文化の中で、「芸術」として権威づけられたものです。

「E」とは、単にEurope（ヨーロッパ）の略ではなく、同時にElite（エリート）さらにはEstablished（制度化された）の略号でもあると考えましょう。それは産業革命後の社会を反映した、階級性を帯びた、規範的な――人々を教育し啓蒙すべき――音楽です。その規範を、メディア革命とともに進展した二〇世紀のポピュラー音楽は、徐々に、二世代も三世代もかけて、切り崩していきました。

近代日本の中央集権的な教育と文化の制度のなかで、私たち（昭和の時代に育った日本人のほとんど）は、西洋の音楽こそを「音楽」とみなし、日本の民謡・芸能・俗謡を、音楽未満のものとしてこれを対置させる音楽観をしつけられたので、欧米の白人の音楽を、すべて一緒くたに捉えがちですが、ポピュラー音楽の成立について考えるときは、ヨーロッパ民衆もまた、私たち同様、中産階級の社会で制度化したエリートの音楽に、いわば「制圧」されてきたのだと考えるべきでしょう。

現代のポピュラー音楽が、中南米とともに、アメリカ合衆国で興ったのはなぜかといえば、アメリカには、ヨーロッパ州の北西の端から、「E」に取り込まれる以前の音楽を実践する人たちが流れ込み、アメリカの国土の多くがヨーロッパ文化に染まっていくなかにあって、Eに回収されない民謡・芸能・俗謡を保持し続けたからです。その、Eではない、地方に土着の、標準語に対する方言のような——すなわち「ヴァナキュラー」な——音楽が、北米南部の田舎で生き延び、それが一九二〇年代、レコードとラジオの時代に入ってから、商業音楽として勢力を得ていく。この勢力が五〇年、ロックンロールという形で、市場におけるEの覇権を脅かすほどになったわけですが、今回の改訂版においては、この対抗勢力を、人種で区切ることは努めてしないように心がけています。

アメリカ合衆国では、レコードの時代に入ると、ティンパンアレーの作曲家が作る、クラシック音楽と連続したポップ音楽（E）の他に、主に南部の白人向けの「ヒルビリー」（後にカントリー・ミュージック＝C）と、黒人向けの「レイス・ミュージック」（後にリズム＆ブルース＝B）が形成されました。このうちCとBとは、人種分離が厳しかった公民権運動以前の米南部で発達したジャンルであるため、そのパフォーマンスにおいて対照的な性格を帯びてはいるのですが、楽曲の成り立ちを比較すると、同根であることが見えてきます。実際、レコード市場が人種別に成立する以前の時代に、南部民衆が生活の中で奏でていた音楽に人種の違いは明瞭でなかったようです。音源がない以上、断定はできませんが、古い時代の黒人庶民と白人庶民の音楽を調べている複数の研究者が、その違いよりも共通性に注目しています。

つまり「アメリカン・ポップ」の進化を通覧する際には、EとCが人種にそってBと相対するという考えを捨てて、ルーツを等しくするCとBが、階級的な由来を異にするEと相対するという図式に従うことが重要だといえるでしょう。

E　⇕　［C↕B］

ここで⇕が表す階級間の音楽的な壁が崩れた出来事が「ロック革命」です。ロック革命とは、近代ブルジョワ社会において上位の階級性を帯びていたポピュラー音楽（E）が、市場の大衆化に伴う階級間の力関係の変化によって、支配的な地位を追われ、CとBに由来する音楽が、あらたな装いのもとに、市場を席巻した現象をいいます。

その意味で「ロック革命」とは、大衆消費社会の成立の一局面を表すものであり、だからこそ、日本を含む世界の先進国をみんな巻き込んでグローバルに進展しました。もちろん日本の民衆（J）と、アメリカ南部の住人（B、C）とでは、基盤とする音楽が同じではないので、グローバル化の過程で産み落とされる日本のヒット曲には当然、日本的な「民族性」が見いだされます。

二〇世紀のロック革命を通過する過程で、ニッポンのうたに、何が起こったのか。その点を、できるだけ音楽的に掘り下げることを、この本はめざしています。

産業革命後に出現したハイカルチャー（階級の上の者が正装して〝芸術的〟なコンサートに出かけ、不動の姿勢で音楽の「精神」を享受する）の制度が後退し、メディアを通したサウンドが大衆の心を躍らせる――そんな二〇世紀の時代にあって、ロックを生み出したCやBの人々とは異なる音楽伝統をもつJの人々が、ロック革命の荒波にさらされながら「うた心」を変化させていった足取りをたどること、これが増補改訂版『J-POP進化論』のもくろみです。

第二章　和・洋・黒——三つどもえ音階論

うたの文化衝突

日本のストリートでも、少し前まで「たけや〜、さおだけ」とか「いしや〜きイモ〜、オイモ」という物売りの声が響いていました。僕が小さかった昭和中期はもっとにぎやかで、「きんぎょ〜え〜、きんぎょ」や「なっとぉ、いか〜でしょ〜か〜」に、豆腐屋のラッパと、チンドン屋の鳴り物、ベッコー飴の鈴の音、紙芝居屋の太鼓が絡んで、子供たちの遊ぶ路地裏は、共同体のしらべに厚く彩られていました。

や〜だい、や〜だい、ひーろちゃんは、や〜だい、せ〜んせいに、ゆってんべ

地方地方でいろいろバリエーションはあるでしょうが、一人のヘマをしでかした子を、み

譜③

んなで囃し立てる歌として、僕が覚えているのは、前橋市の小学校一年の教室で突如始まったこれ。（ちなみに福島県いわき市出身の妻が覚えていたのは、「ひろちゃんは〜、あ〜あ〜あ〜、あららんけちょ〜」でありました。）言葉を発する主体が、個人ではなく集団であるとき、そのことばは韻律をまとい、音をある程度規則的に上下させ、うたのようになっていきます。でも「や〜だい……」について言えば、「ひろちゃん」の「ちゃ」と「せんせい」の三拍目の「せ」が高く強く発声されますが、その音程は曖昧です。（妻の歌う「あららんけちょ〜」は、近似的に、「ドレレドレ〜」と聞こえました。僕の記憶している「あそびましょ」と同じ節です。）

かつての路地裏では、たとえば「花いちもんめ」という遊びがよくやられていました。二グループに分かれた子供たちが、お互いから一人を名指しして、その二人が引っぱりっこをしたりするのですが、♪「まけーてくやしいはないちもんめ」というところのメロディは僕の記憶では譜③（A）のようになります。音程に

「ド」と「レ」の2音しかありません。

　これを聞いた妻が、「わ、さすが上州、感情まるだし」と言いました。うちの方はもっと上品だった――といわんばかりに彼女は、「ドーミミレドラソ、ラドラドレドレ」という節で歌い出しました。（譜③）

　たしかにメロディが先行して、悔しさが前面に出ていない。当事者の発話という要素が希薄で「作品化」が進んでいます。一方の上州バージョンでは、「ドレ」の2音がむきだしになる。階名の読みは「レミ」でも「ソラ」でもいいのですが、とにかくピアノの白鍵と隣の白鍵との音程。この音程を「全音」または「長2度」といいます。この響きを忘れないでください。いや、忘れろといっても無理ですね。♪「うそついたら、はりせんぼん、のーます」。私たち日本人の集合的な心の、一番の底に息づいている音程です。

　世界中の人が、これと同じ音程を腹の底に抱えているのだったら、話は簡単です。簡単で、かつ、つまらない。うたの進化を扱うこの本が書かれることもなかったでしょう。ところが世界には、長3度（ドミやファラの音程）や短3度（ラドやミソの音程）が作る和音の響きを基礎にしたうたの文化もあるわけです。

　ホラー映画『エルム街の悪夢』第四弾「ドリームマスター」（八八）に、縄跳びうたで遊

One, two, he'll come for you. Three, four, they lock your door

譜④

んでいる無気味な女の子たちが出てきます。その子たちの歌っているのは2音階のうたですが、その音程は「花いちもんめ」の長2度とは違って短3度です（譜④）。

この「ソミ」のあとに、同じく短3度の「ファレ」を持ってきて「ソミミ、ファレレ」とやると、♪「ちょうちょ、ちょうちょ」。これはスペイン民謡です。

3度の音程は澄んだ響きを作ります。長3度の上に短3度を乗せて3音一緒に響かせると「ドミソ」（主和音《トニック》＝I度）「ファラド」（下属和音《サブドミナント》＝Ⅳ度）「ソシレ」（属和音《ドミナント》＝V度）など、長調の和音《メジャー・コード》ができます。逆に短3度の上に長3度を乗せた「ラドミ」（i度）「レファラ」（iv度）「ミソシ」（v度）などが短調の和音《マイナー・コード》です。

ヨーロッパ由来の素朴な、または力強いメロディは、この和音の縛りのなかで展開する傾向があります。「ソミドミソド」とやると、これはアメリカ国歌。「ドドドーソ、ミミミード、ドミソーソ……」でアメリカ民謡《愛しのクレメンタイン》。「……レソソ、ミドド、レソソ、ミドド」はドイツ民謡

《おお、いとしいアウグスティン》です。

この感覚を、今の日本の子供たちは自然に吸収していますが、明治の頃は違いました。明治時代の日本の子供にとって、学校の音楽の時間というのは、察するにかなり強烈な「異文化体験」の場だったのでしょう。同じことは、白人たちの支配する新大陸に連れてこられたアフリカ人とその子孫についても言えるはずです。

というわけで、この章では「ドレミファソラシド」のメロディと、「ドミソ」のようなハーモニーを一度ご破算にした上で、日本の古い民衆音楽や、アフリカ大陸を含む旧世界からの移民や奴隷が持ち込んで練り上げた、下層民衆の音楽も含みうる、もう一つの別な音階論を、授業のようにして行っていきます。必要のないところは適当に飛ばしてお読み下さい。この本の楽しみは、♪「はないちもんめ!」や「棒が一本あったとさ」に類するメロディで民謡や俗謡を歌っていた民族が、いかにして現代のヒット曲に心躍らせるようになったか、そのプロセスを私たちの心の歴史として感じることにあるのですから。

キー(調)とスケール(音階)

もし可能ならギターかウクレレで、弦の長さと音の高さの関係を確かめてみて下さい。ギ

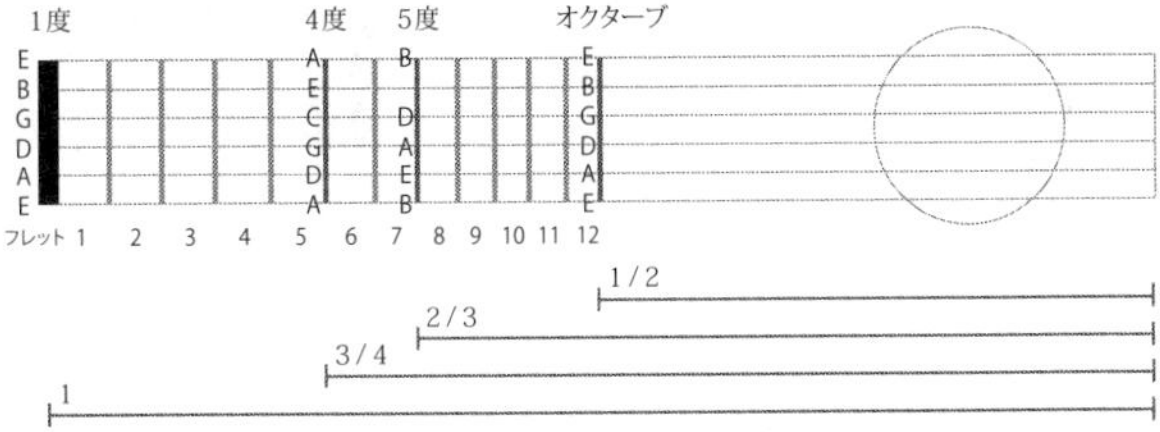

図1　ギターの弦の長さと音程

ターでは一番太い弦をEの音（ハ長調のミの音）に設定しますが、これよりさらに一オクターブ高いE（Eの字の上に点をつけて表記することにします）の音のフレットは、ちょうど弦全体の半分の長さにきています。つまりオクターブ（8度）の音程関係は、弦の長さにして1：2の関係にある。開放弦のEが1回振動する間に、オクターブ高い（半分の長さの）Eは2回振動するので「同じ」性質の音に聞こえるわけです（図1）。

　オクターブ違うEとĖのちょうど真ん中がAになります。第6弦をそのまま弾いたときの「E」と、同じ弦の5フレット目を押さえた「A」とを比べると、振動する弦の長さの比は4：3。弦の長さと振動数は反比例の関係にあります。ともに弦の太さも振動数に関係し、より太いE弦が3回振動する間にA弦は4回振動することになります。

　Eに対するAのように、振動数比が4／3倍になる音程を「4度高い」と言います。

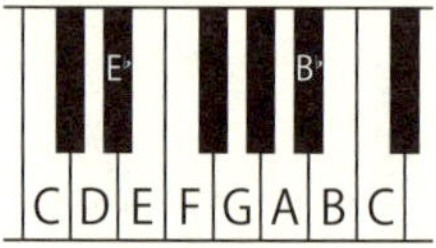

図2

またEに対するBは、「5度高い」と表現されます。このとき、振動数は、2：3、すなわちEが2回振動する間に、より高音のBは3回振動するという関係になっています。「振動数が3／2（1・5倍）の音は、5度高く聞こえる」といってもいいでしょう。

同じことを、ピアノの鍵盤でも試してみましょう（図2）。ハ調の「ド」の音は、英語でいうところのCのキーです。その4度上がF（ファ）、5度上がG（ソ）です。

このように4度の関係と5度の関係は、8度（オクターブ）の関係と並んで、音の振動数が単純な整数比になるので、音階や和音の核になる。この点は民族や文化の違いにほとんど影響されません。

「キーの音」と、それを基点にしたとき「4度」と「5度」のキーがどうなるかを表にしてみました。CとĊの間に、Cより4度高いFと、Ċより4度低いGをとります。

C	F	G	Ċ
ド	ファ	ソ	ド

オクターブの中に、「ド――ファ」の枠と「ソ――ド」の枠が二つできました。この4度（完全4度）の枠組みを、オクターブに対して、「テトラコード」と呼びます（「オクタ」はギリシャ語の8に、「テトラ」はギリシャ語の4に由来します）。

さて、これらのテトラコードに、階段を刻んでいきます。

キー(調)	C(ハ)	F(ヘ)	G(ト)	B♭(変ロ)	D(ニ)
4度	F	B♭	C	E♭	G
5度	G	C	D	F	A

C　D　E♭　F　G　A　B♭　C
「ド　レ　ミ♭　ファ」「ソ　ラ　シ♭　ド」

二つの「4音テトラコード」が、どちらも「全音＋半音＋全音」の間隔で仕切られました。ドをレと読み替えて、レから始めると「レミファソ」「ラシドレ」という風に、ピアノの白鍵だけで弾ける音階になります。アイルランド民謡などには、けっこうよく登場するこの音階は、古い時代の教会音楽で、「ドリアン旋法」と呼ばれたものです。

ここでE♭に代えて、Eを入れてみます。低い方のテトラコードが「全音＋

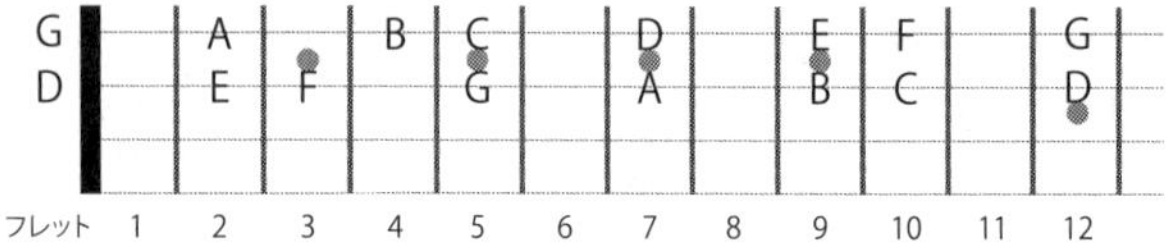

図3

全音＋半音」に変化しました。オクターブを並べると、この音階の音程関係は、「ソラシドレミファソ」と同じ。こちらは「ミクソリディアン旋法」と呼ばれました。

C　D　E　F　G　A　B♭　C
「ド　レ　ミ　ファ」「ソ　ラ　シ♭　ド」

ギターに慣れている人は、図3をご覧になると分かりやすいでしょう。Dの弦で「ドリアン」、Gの弦で「ミクソリディアン」の音の並びを示しておきました。

おなじみの長調と短調をこれに加えて、表にしてみました（下表）。

音程の階段	階名表記(例)	ドで始めると
[212] 2 [212]	レミファソラシドレ	ドレミ♭ファソラシ♭ド
[221] 2 [212]	ソラシドレミファソ	ドレミファソラシ♭ド
[221] 2 [221]	ドレミファソラシド	ドレミファソラシド
[212] 2 [122]	ラシドレミファソラ	ドレミ♭ファソラ♭シ♭ド
[212] 2 [131]	ラシドレミファソ#ラ	ドレミ♭ファソラ♭シド

音階の呼称	テトラコードに分割	音階の半音数	階名表記(例)
沖縄の音階	[CEF][GBC]	[41]2[41]	ドミファソシド
民謡、わらべうたの音階	[ACD][EGA]	[32]2[32]	ラドレミソラ
律の音階	[GAC][DEG]	[23]2[23]	ソラドレミソ
都節の音階	[EFA][BCE]	[14]2[14]	ミファラシドミ

3音テトラコードの分類

しかし、ただうたを歌うというだけのことであれば（和音のことを考えないのであれば）、階段はこんなに必要ありません。現に世界には（ヨーロッパを含め）5音の音階でできているうたも多いのです。

5音音階をテトラコードの考え方で整理したのが、第一章で引用した小泉文夫（彼の著作では「テトラコルド」と表記されます）。一九七七年にまとめられた評論集『日本の音』の最初の論考「世界のなかの日本音楽」（初出は七一年）で、小泉はテトラコードの枠内に「踏み段」を1つ置き、それを半音ずつスライドさせていくことで、世界の5音音階を説明しています（上表）。

沖縄の音階も特徴的ですが、「民謡、わらべうた」の音階は、

音階の呼称	テトラコードに分割
ドリアン	[DEFG][ABCD]
ミクソリディアン	[GABC][DEFG]
イオニアン(長音階)	[CDEF][GABC]
エオリアン(自然短音階)	[ABCD][EFGA]
イ短調(ハーモニック)	[ABCD][EFG#A]

Pretty Saro　アメリカ古謡

When I came to this country in
eighteen forty five, Then I
thought myself lucky for
to be alive. I

譜⑤

どなたにも親しみ深いものだと思います。「あんたがたどこさ」や「さんかく山のたぬきさん」が「ラドレ」に「ミ」を加えた4音でできていることを確認してみて下さい。

律音階は中国由来の音階ですが、ここでは北米に目を向けましょう。北米には、移民たちによって、ブリテン島やアイルランドの古謡が流れ込んできました。アパラチア音楽の採集をテーマにした映画『ソング・キャッチャー』（二〇〇〇）に、山奥の娘が《プリティ・サロ Pretty

Saro》という古い民謡（イギリスでは一七〇〇年代に記録されているものの、その後忘れられてしまった歌）を歌うシーンがあります。カントリー・シンガー、ドック・ワトソンがサントラ盤で歌っているメロディは、古い民謡の感じを、比較的忠実に再生していると思われます（譜⑤）。

へ長調で「ソラド（レ）」や「ミレド（ソ）」のフレーズが繰り返されます。44―45ページに記した「ミクソリディアン」の音階を簡略化した5音階になっています。

最後に、日本の「都節音階」についても一瞥を加えておきましょう。江戸時代以降の代表的な俗楽である三味線音楽や箏曲の音階として、田舎節（陽旋法）――先の民謡音階――とは違う、しっとりした情緒を醸し出したスケールが、この「都節音階」と呼ばれるものです。

「ねんねんころりよ、おころりよ」という歌を、長調のように歌ってみて下さい（譜⑥）。「ミーミミレ、ミソミレ、シレミソミレ」。素朴な味わいはあっても哀切感に欠けるかもしれません。しかしそのミの音と、シの音を半音下げて歌ってみると、これが胸にすーっとしみる。しっとりした情感がほしい大人の歌としては、こっちの方がいい――というわけで、都で起こったこの「都節」は、だんだん地方の日本人の心にもおちていきました。「黒田節」などのお座敷歌は、ほとんどがこの〝マイナー〟調です。田舎の民謡でも「会津磐梯山」や

譜⑥

「佐渡おけさ」などは、音階的に都節ですし、子供の歌にも、「ずいずいずっころばし」や「ことしのぼたん」など、都節が浸透していきました。

ミとシに♭がつくと、短調の感じが出る。「ドミソ」は長調《メジャー》のコードですが、「ドミ♭ソ」は短調《マイナー》のコードです。

近代になって、西洋のメロディとハーモニーを学んだ日本人は、都節音階のメロディを西洋の短調の中に収めることを考えました。「ミファラシドミ」を、ラを主音にして並べ替え、「ラシドミファラ」として、最後を「ラドミ」の和音で締めれば、まるで西洋の歌のように聞こえます。西洋に対して開国をした日本は、うたも開いて「洋風」を抱き込んだのでした。

では、アメリカ南部で、律音階やミクソリディアンまたはドリアンの音感でうたを歌っていた人たちが、ギターなど和音楽器と出会ったとき、どんな反応をしたのでしょうか。

ブルーノートの形成

都節の形成からずいぶん後の話ですが、アメリカ南部の民衆のうたに、ブルーノートが浸透していった経緯を、ここで並行してお話ししておきましょう。ブルーノート（ブルーな楽音）とは、ドを主音とする西洋音階で言うと、「ミ」と「シ」がフラットする（半音程度下がる）音のことです。（ジャズ演奏では「ソ」をブルーに演奏することもよくあります）

「ミ」と「シ」がフラットするのなら都節と同じではないか——という疑問は、一考に値します。ただブルーノートは固定された楽音ではなく、音高が揺れて定まらないところに特徴があります。上がりきれば長調《メジャー》になり、下がりきれば短調《マイナー》になるけれども、どっちつかずの音を揺らせてメロディに私的な陰影を添える、これがブルーノートです。

アメリカの黒人民衆は、農村での生活の中で、ブルーな旋律の音楽を、教会でも農園でも響かせていました。むかし——いつからとは言えません——南部の畑ではよく、哀愁にみちた、歌詞のないメロディが響いたといいます。民族音楽者は、それら節のついた叫び声・呼び声を「（フィールド・）ハラー」や「コール」と名づけました。ハロルド・コアランダーという研究者の *Negro Folk Music, USA*（六三）には、彼の集めた「イーイェイ、フーイー」

譜⑦

や「ウォウフー、ウォウフー」などの叫び声が記譜されていますが、そのうちの一つを引用します（譜⑦）。

この譜面では、低音をA♭とする二つの波がきています。最初の「ウォウ・フー」の頂きはC♭で、C♭→B♭→A♭と下降しますが。二つ目の小さな波（3連符の小節こぶし）はそのC♭とB♭にナチュラル記号がついて、半音高いB→Cを経てA♭へ落ち込むことになります。A♭を主音（ド）とすると、C♭は短3度（ミ♭）、Cは長3度（ミ）の音程です。

この短3度と長3度の間でスラーしたり、揺れ動いたりするのがブルーノートであるわけです。黒人音楽では同様の音程の揺動が、短7度（シ♭）と長7度（シ）の間でも起こります。もともと南部の田舎で主に5音階のうたを歌っていたであろう人たちが、ギターのような和音楽器との出会いの中から、どんな心理的メカニズムによってブルーノートを形成していったか——この問題は、さまざまに説明されてきました。ひとつの説得力のある説明を、三井徹氏が『黒人ブルースの現代』（音楽之友社、一九七七）に書いていて、以下はその概略です。

（1）ヨーロッパの和声音楽——前章で私たちが「E」と呼んだもの——では、和音構成要素として長3度（ドに対するミ）と長7度（ドに対するシ）が重視され、メロディはハーモニーとの関係で規定されるが、アフリカ、日本を含む非西洋世界の民謡は多くが和音の含みを持たない5音の音階でできており、それらは長3度、長7度の音程を含まないものがほとんどである。

（2）長3度、長7度は、半音高い4度、8度へ「発展」的に向かっていこうとする傾向がある。この収め方をきらって、反復を続ける傾向がアフリカ系の音楽にはある。

（3）ブルースも、ギターを使って、E→A→E→B→Eなどと、コードを「進展」させる以上、長3度や長7度の音を含みはするが、そのメロディは、「発展的」な音程をきらい、もっと気楽な「短3度」「短7度」に下がろうとする傾向をもつ。ブルースは、挑戦したり、自己を主張したりするのではなく、容認、諦め、安定、不変をよしとする音楽である。

アフリカ的な音楽のあり方と、ヨーロッパ的な音楽のあり方の衝突からブルーノートが生じたとするこの見解は、書かれた当時、相当斬新なものだったと思われます。西欧覇権文化とヴァナキュラーな文化との接触から、ブルーノートを使った実りある音楽実践が産み出されたことに注目するというのは、まだ学術世界でポストコロニアルな視点が十分に確立されていない時代のものとしては異例でした。その後、たとえば文学研究の領域でメアリー・ルイーズ・プラットという学者が「コンタクト・ゾーン」という概念を提唱したことがきっかけとなって、異文化接触を新たな芸術手法を産み出す豊かな土壌として捉える見方が一般化しますが、それは九〇年代に入ってからのことです。

クラシック音楽が支配的であった時代に、ジャズやブルースの楽音の特殊性について考えた人たちにとって、ブルーノートは、圧倒的に「黒人の」サウンドであり、その起源はアフリカであると見なされていました。あるタイプの実践が、その民族にDNAのように備わっているとするこうした見方は後に、「本質主義」として退ける考えが一般化していきます。

中村とうようが『ポピュラー音楽の基礎理論』(ミュージックマガジン社、一九九九)という題で訳出した本があります。原著は、ピーター・ファン＝デル＝マーヴェという南アフリカの研究者がオックスフォード大学出版局から *Origins of the Popular Style*(ポピュラーな様式の諸起源)という題で刊行(一九八九)したもので、この原題が示す通り、ブルースのスタイルにしても、そのルーツは、アフリカでもありイギリスでもあるとして説明されています。その説明はしかし、だいぶ専門的なものなので、以下、僕なりの言葉で組み立て直してみましょう。

カントリー、ブルース＆流行歌

44—45ページの表は、イオニアン（ドレミファソラシド）の音階を、他のいくつものスケールの中で相対化して示したものです。

ブリテン島やアイルランドの古謡によく出てくるミクソリディアンの音階または旋法《モード》を、イオニアンと比べて際立つのは、音階の最後の2音が「シド」のように半音進行にならず「♭シド」のように全音上がりになる点です。

アパラチアのマウンテン・ミュージックの民謡に《オールド・ジョー・クラーク》という調子のいい曲がありますので試聴してみて下さい。掲示した譜面は、最後の音がGですが、その前がFで、全音上がりのエンディングです。終止音を「ド」とすれば、「♭シ→ド」。ちょっと耳慣れない終わり方です（譜⑧）。

私たちの親しんでいる長調の歌が「シ→ド」（半音上がり）「レ→ド」（全音下がり）「ソ→ド」（4度の上昇）で終わることが多いのは、V度→I度（たとえばG_7→C）へのコード進行の慣例

Fare thee well, Old Joe Clark, Good- bye Bet- sy Brown.

譜⑧

がメロディを枠づけているからです（ちなみにV度は「属和音」または「ドミナント」、I度は「主和音」または「トニック」と呼ばれます）。

短調の場合も、「ソ♯→ラ」（半音上がり）「シ→ラ」（全音下がり）「ミ→ラ」（4度の上昇）のエンディングが典型的になるのは、V度→I度（たとえばE_7→Am）のコード進行に規定されるから。だからこそ、ソに#がつく音階を和声短音階というわけで、それによってソをナチュラルなまま放置して「全音上がり」を許す「自然短音階」の素朴で民俗《フォーク》的な味わいとは異なる、洗練された響きが生じるのです。

さて、二〇世紀後半の世界で起こった最大の音楽革命といえば、おそらくロック系の音楽が浸透したことではないでしょうか。5音音階《ペンタトニック・スケール》や、ブルーノート、拍のずらしを伴う独特のグルーヴをもつ楽曲が人々を魅了し、結果的に、クラシック音楽の諸スタイルをひとつのジャンルに押しやってしまった。そして、その出来事の起点をさぐると、アメリカ南部の白人・黒人を相手にして、カントリー（ヒルビリー）やブルース（〝レイス〟レコード）の市場が成立したことに行き当たります。

第一章の最後で、アメリカ国内に住む、異なる人々が作る音楽市場に「B」と「C」の記号を宛てました。これらの市場が、「E」――ブロードウェイやハリウッド、全米ネットのラジオを通して一般市民が享受するポップ音楽――から独立して成長発展したことに注意して下さい。BやCの市場が、一九二〇年代、どのようにして業界に認知され、どんな人たちの活躍によって起ちあがっていったかについてお話しする余裕はありません。関心のある方は、大和田俊之著『アメリカ音楽史』（講談社選書メチエ、二〇一一）の第二章・第三章を手引きに、たとえばラルフ・ピア（Ralph Peer）という人物について調べると、多彩な知識を手にすることができます。本書の視点から見て重要なのは、

（1）B（ブルース）とC（カントリー）はどちらも同じアメリカ南部の民謡に根ざし、Eとの比較においては同根と見なせるが、人種間の緊張をはらんだ社会で、相互に対立する集団が担ったジャンルであるため、その様式には対照的な点も際立っている。

（2）CはE（全米ポップ）との融合（田舎臭さを捨てて洗練していく方向）に向かいつつも反発し、反発するときにはB（ブルース）の様式に寄り添った。

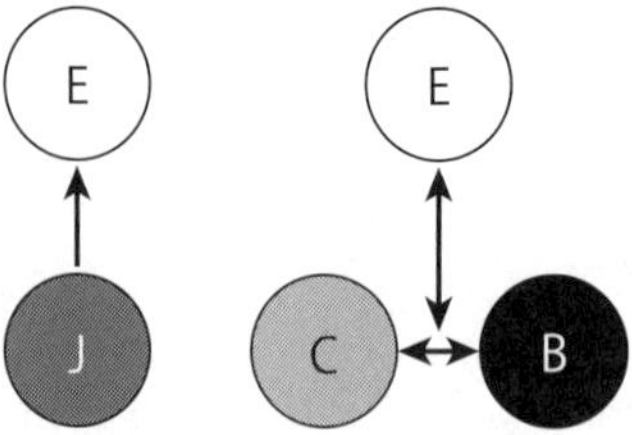

図4　Ｂ／Ｃ／Ｅ／Ｊの関係性

（3）Ｊ（日本の流行歌）は、その伝統のなかに、Ｃ～Ｂと類似した要素を多分に抱え持つが、一八八〇年代以降、Ｅ（洋楽）への馴化を、国の文教政策として強力に進めたために、音楽的エリートと庶民の間に格差が広がった。

Ｅの音楽性に吸収されない、ヴァナキュラーな（たとえばアラブ風、ブラジル風といった）市場が世界各地にどんどんできていくなかで、日本の流行歌（Ｊ）は、どのように特徴的な発展をしていったかを、以下考えていきましょう。その際に、比較対照すると面白いのが「Ｂ」なのです。ＪとＢは、さほど違わないところから出発したにもかかわらず、そのふるまいは対照的でした。Ｊは基本的に、Ｅにあこがれ、Ｅと同化していく中央集権的社会において進展したポピュラー音楽です。一方のＢは、多分に根を同じくするＣに反発し、それとは違うスタイルをもつことを民族の誇りとする人たちが発達させた音楽です。

こう述べることで、僕はヴァナキュラーな音楽を、規範的な音楽に対する態度《アティテュード》が演奏に現れた音楽として見る立場に立ったことになります。規範的な（上位の階級の人が親しむ）音楽をどう感じるのか、あこがれるのか、反発するのか、そうした構え方の違いが、人々がポピュラーにする音楽の性格を違えていく。この考え方は、古典的な音楽学や旧来の民族音楽学とは立場を異にします。ある時代に、ある社会で流行するポピュラー音楽の様式は、

①支配的な権威をもつ様式への、人々の姿勢・態度・感情を反映し
②民族や人種の違いよりむしろ、階級にそって差異化する
③とはいえ、ポピュラー音楽は、最終的には、資本主義の原理で動く

これらの仮説を出発点として、J-POP（＝日本の、軽い弾みの音楽）の進化を考えていきましょう。

「ブラック・ミュージック」の始まり

それに先立って、北米におけるブラック・ミュージックの成立を、（アフリカに起源を求める）民族音楽の思考ではなく、（都市の興行文化において〝売れ筋〟の展開を考える）ポピュラー

音楽研究の方法によって、大雑把であれ、まとめておきたいと思います。

一九世紀を通して、人前で演奏される黒人たちの大衆音楽は、音源が手に入らないので確かなことは言えませんが、田舎の白人のそれと大きく異なるものではなかったと考えられています。白人の芸人も黒人の芸人もバンジョーやギターやフィドルを持って、商業化する以前のカントリー音楽のようなものをやっていたわけです（CD3枚組『*Before the Blues : The Early American Black Music Scene*』など、よろしければストリーミングしてみてください）。公衆の集まる場において、黒人たちが、自らの音楽的アイデンティティを響かせるには、そうした様式の違いに意識的なリスナー層が必要だったわけです。アメリカの黒人自身が、「俺たちの音楽」を求め、力強く実践するようになるには、一八九〇年代を待たなくてはなりませんでした。その頃になると、鉄道が全米の都市をつなぎ、通信販売が楽器を含む商品を行き渡らせ、地方都市でも興行文化が栄えて、それを統合するナショナルな市場も形成されていきます。そしてシート・ミュージック（一枚刷りの楽譜）という形で百万枚を売りさばく楽曲が誕生し、〝ティンパンアレー〟と呼ばれる、音楽出版社の並ぶ通りがニューヨークの一角にできていきます。その一方で南部の都市では、黒人たちによる音楽文化も栄えていきます。

二〇世紀のポピュラー音楽は、総じて、一九世紀までにヨーロッパで定着したハイカルチャーの音楽が、大衆向けの装いをまとい、そこに新奇な（カッコよい、おもしろい）仕掛けが加わることで売れていく、という形で進展していきますが、その際に、もっとも重要な新奇性の源となったのが、アフリカ的なリズムの伝統でした。

アフリカから連れてこられた奴隷のうち、九割以上は、北米に先駆けて、キューバ、ハイチなどカリブの島か中南米大陸のプランテーションに連れていかれたわけで、〝黒い〟音楽様式はまず、ラテン地域のダンス音楽の拍子取りに現れるのですが、流麗なメロディの流れを引きちぎったり、下から突き上げるようなシンコペーションの面白みが、カリブ・中米地域と近接するニューオーリンズを通して、北米の黒人たちに広がっていきます。これがラグタイム。ヨーロッパ風のリズム取りから解放された黒人のピアノ弾きは、酒場《バレルハウス》やヴォードヴィルのピアノを自由に、踊るように叩き始め、これがショーとして人気を博すと、北部の白人社会も関心を示します。

一八九〇年代にラグタイムやジャズがおこる以前の〝黒人音楽〟は、そのリスナー（消費者）であった白人によって戯画化されたミンストレル・ショーの音楽だったり、教育を受けた黒人層が、上中流層の白人観衆の前で、Eのスタイルで歌い奏でるという、どちらにせよ、音楽として〝黒い〟特徴が感じられないものがほとんどでした。そこにラグタイムと呼ばれる、派手なシンコペーションを特徴とする速弾きのピアノ音楽の流行が始まったのです。ラグタイム（ragtime）とは、ragged time、すなわち「不規則でガタガタの拍子」という意味です。一打ち一打ち頭からリズムをとっていく代わりに、いわゆる「ウラ拍」を強調したり、あるいは4拍子の曲なのに3拍ごとに強く叩いたり、そういうトリッキーなリズムが、ニューオーリンズから河をのぼって、多くの都市のアフリカ系居住区の劇場で話題になり、ぐんぐんと都市化の進行する新世紀のアメリカで人気を博した。このリズム感覚を、ニューオーリンズのマーチバンドが吹奏楽に取り込んだのが、ディクシーランド・ジャズの始まりと考えられます。

もちろん黒人たちも音楽的に一枚岩ではありません。黒人のエリートを養成するフィスク大学の「ジュビリー・シンガーズ」は、美しいハーモニーで黒人霊歌を歌って、行く先々の白人観衆を魅了しました。しかし黒人音楽がポピュラーな原理によって——つまり同胞一般の人気によって——生存し繁栄していくようになると、彼ら黒人民衆は、Eに馴化していくのとは違った道をとるようになり、彼らの教会は、民族的（民族主義的）なアートの醸造の場となっていきます。すなわち、たとえば、ハーモニーの整序にこだわることなく、〝ソウルフル〟に音程を揺らす〝黒人流〟の唱法が、会衆の心によりマッチしたものとして定着していく。教会では神をたたえるゴスペルを歌う彼らは、酒場のピアノを前にすると、自由に拍をずらして演奏したことでしょう。酒場が先か、教会が先かは分かりません。やがて彼らは、ギターを持てば、ボトルネックを使って、フレットによる音程の規制を逃れる奏法を身につけ、様式化していきます。

要するに、アメリカの黒人たちは、近代の日本人同様ヨーロッパ系の音楽様式に囲まれつつも、しだいに白人の音楽との違いを明確にしていった、この点が特徴的です。

文化接触のダイナミクス

私たちが扱っているのは、音楽の「異文化接触」という問題です。これに関して、人類学ではかねてから理論的な考察がなされてきました。

論理的に考えて、異質な文化集団が接触するとき、両者は

イ　完全に融合するか、

ロ　一方が飲み込まれたり、排除されたりして消滅するか、

ハ　両者が動的均衡を保ちながら存続していくか、

どれかに収まることになります（図5）。

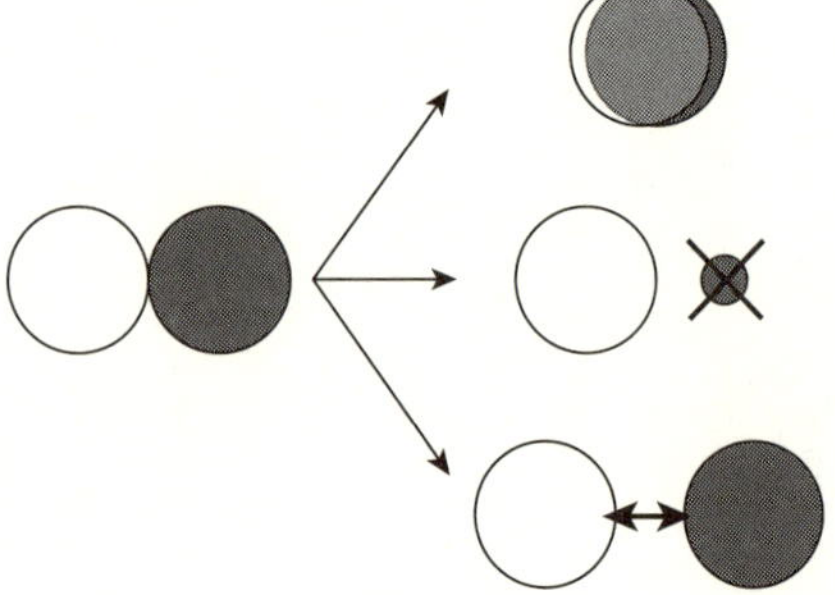

図5

さて、ヨーロッパの人々も元来はそれぞれのヴァナキュラーな民謡（C）を奏でていました。産業革命後に文化勢力となったブルジョワは、貴族の音楽だったEの様式を受け継ぎ、ヨーロッパの多くの国民国家では、Eの様式が童謡にまで蔓延《はびこ》ることになりましたが、ヨーロッパ最北西部の住人が入植したアメリカ南部の山間部でCは生き延びます。同地域にはEとの同化を拒む黒人たちが独特な音楽実践（B）を続けたこともあり、おそらくそれに助けられて、白人たちもEに吸収されてしまうことを免れます。

　CとBが相互に反発しながら、実は相互に依存しあって存続し、結果的にEの勢力が圧倒的だった音楽業界を転覆させてしまった——これがロック革命と呼ばれる出来事ですが、記号で考えるのも抽象的すぎるので、楽曲の実例によって、具体的にどういうことか感じ取ってみましょう。

　カントリー音楽は、戦後になると《テネシー・ワルツ》に代表されるように、全米ポップとクロスオーバー（ピー・ウィー・キングのカントリー曲をカバーしたパティ・ペイジのレコードが出たのは一九五〇年）し、その「田舎っぽさ」を減じていきますが、その一方で、ホンキートンクという、濃厚なサブジャンルが、ナッシュビルから離れた地域で人気を得ていきます。ホンキートンク・スタイルの代表格であるハンク・ウィリアムズの初期のヒット曲《ムーヴ・イット・オン・オーヴァー》（四七）を聴いてみましょう。このうたは、彼女に新しい男ができて、閉め出された男が「どけよ、オマエ、この犬小屋には俺様が入るんだ」とすごんでみせる、ブルース形式の滑稽なうたです。特徴をまとめると――

①コード進行はまさに、12小節《バー》ブルース「I I Ⅳ I V I」。

②ブギウギの左手の演奏［ド・ミ・ソ・ラ・シ♭・ラ・ソ・ミ］を思わせるメロディ・ライン。ロックンロール革命を誘発したビル・ヘイリーとコメッツの《ロック・アラウンド・ザ・クロック》と酷似しています。

③ドラムはツー・ビートで［弱・強・弱・強］とバックビートを鳴らし、電気ギターが裏拍で入る。どちらもEの音楽に逆行したやり方です。

④声は鼻に掛かっており、喉を開いて思いを吐きだすEの唱法とは対照的。

戦後間もないこの時期は、リズム&ブルースが勢いづいて、新しいレーベルから刺激的なサウンドが繰り出されていた時期ですが、カントリー界でも、このように近代ヨーロッパの音楽性を打ち払うような楽曲の数々が、ファンを広げ、勢力を増しつつありました。後に数知れないアーティストにカバーされた、ハンク・ウィリアムズの代表曲《アイム・ソー・ロンサム・アイ・クッド・クライ》を、次に検討してみましょう。

表面上は、近代西欧の調性音楽の骨組みを露わにしたようなつくりになっています。［ミード―ミード―ミード―ソー―ミード―ミード―ソー］と前半部は主和音《トニック》の構成音ばかり、後半は［ファーファ―ファ、ファ―ソーソ―ミド、ミ―ソーミド―レーミレ―ドー］と、［ⅣⅠⅤⅠ］のコード進行を踏まえた、こよなく単純なメロディ。徹底してミニマルな構成の中で、強弱弱3秒ストロークに乗せて2音節の言葉（Hear-the や Lone-some のそれぞれ）を、［$2\frac{1}{2}$対$\frac{1}{2}$］に区切るリズムに、感情を込めて、濁声を響かせる……。

それだけの歌かというと、でも、違うんですね。間奏で奏でられるペダルスチールギターとフィドルのメロディは、トニックの和音に、短3度と短7度の音を混ぜこみます。コード展開は3拍子のストローク2つを単位に考えると、［ⅠⅠⅠI_7 ⅣⅠⅤⅠ］となって、これは「8《エイト》バー・ブルース」（12小節より簡素な、8小節のブルース）の典型であることが分かります。

　そしてブルースとして、メロディラインは、重々しく下降します。主和音を分散させたメロディではあっても、「ド→ミ→ソ」と高みへ誘うのでなく、「ミドミドミド」とたゆたったあと、低いソに墜落する。落ちた先の低音には、皮肉にも、「ブルーすぎて飛べない」という歌詞の fly という言葉がきています。ヨーロッパ調性音楽における長調は、本来陽性で、楽しい感じがすると教わりましたが、それは上向きのメロディと、それに伴うコード展開があってのこと。単一のルート音に寄り添おうとするこのうたは、いわば「ドミソの陰鬱」一色です。音色をブルーに変化させるスライドギターとフィドルが、その陰鬱さを際立たせる。そのブルーな音は、古い音階をつくるミ♭とシ♭を、控えめにまさぐっています。

　カントリー音楽の市場が、ラジオやレコードによって広がり始めてからほぼ四半世紀、戦後の繁栄の中で、都会のポップスへ融合していくのかと思ったら、濁声によるこういうスタイルの歌の人気を、全米レベルにまで押し広げつつあった。

　比較のために差し挟んだアメリカの話は、これで一応打ち切って、以下、本題である日本の状況に、一足飛びに話を移します。

壮士演歌と書生節

時代も、ぐっと遡って、明治中期から後半にかけての自由民権運動時代。日本の都市のストリートでは、勇ましい格好をした壮士らが、毛臑《けずね》を出し、ゲンコツを振りかざして壮士演歌というのを歌っていました。演歌といっても昭和の演歌とちがって、演説の歌という意味です。《ダイナマイトどん》（または《ダイナマイト節》、一八八七）という歌は、歌詞はほとんどパンクロックの過激さですが、節の方はどうでしょうか。

このうた、出だしは「𝄽みんけーんーー𝄽ろんじゃーのーー𝄽なみだーのーーあーあめーでー」（民権論者の涙の雨で）と喉をふるわせます。この部分、「土佐の高知の」という《ヨサコイ節》に似ていますが、音階が都節ではなく、半音を使わない律の響きです。《ヨサコイ節》の節は、明治になって「書生書生と軽蔑するな、フランスのナポレオンも元書生、ヨサコイ、ヨサコイ」というような歌詞を連ねる《書生節》にも使われ、それを借用したのがこの《ダイナマイト節》。しかし、最初の8小節を終えると、リズムも変わって「コクリミンプクゾーシンシテ、ミンリョクキューヨーウセ」（国利民福増進して民力休養せ）という自由党のキャッチフレーズが入り、最後に、喉に力をこめて、「もしもならなきゃダイナマイトどん！」と非常に自由です。旋律も「律」とは言い切れず、エンディングは民謡音階、そのあたり、気分に応じて、いいように歌っているという感じです。

先に触れたファン＝デル＝マーヴェの本には、アパラチアの民謡を二〇世紀初頭に調査した音楽家パーシー・グレインジャーの所見が引用されています（第二〇章「ブリテン島のブルース・モード」）。意訳しますと、アパラチアの山人は、ミクソリディアン、ドリアン、エオリアンという三つの異なった音階のどれかではなく、その三つを、一つのゆるく編んだ民謡の旋法に落とし込んで歌っているようだ、ということで、その音階を、彼は

　主音、2度、長／短が可変的（あるいは不安定）な3度、4度、5度、短7度
（引用者注　ド　レ　ミ♭〜ミ　ファ　ソ　シ♭）

と規定しその上で、これにふつうは長6度だがときどき短6度になる音（ラ→ラ♭）と、音階は構成しないものの、メロディ進行のなかで、付随的に現れる長7度（シ）も加わる、としています。こうした記述を読むと、日本の過去の民謡・俗謡も、五線譜の音程で分類されるようなものでは、きっとなかったのだろうと思われ、「八木節はラドレミソの民謡音階」な

ど分類するのが憚《はばか》られる気持になります。

和洋折衷節

ともあれ、こうした俗謡のメロディ感覚でうたを歌っていた子供たちが、学校で《ちょうちょ》のようなうたを教えられることになりました。一八八一年、『小学唱歌集』というのが編纂され、一部の小学校で使われ始めました。《ちょうちょ》も《蛍の光》も、この中に入っています。学校の音楽の時間に、一〇〇〇年以上にわたって日本のうたの基本となってきた節回しで歌うことを抑止され、代わりに「唱歌」と呼ばれる西洋の歌およびその模造品が国家権力によって押しつけられる時代がやってきたのです。

もちろん、そんなことくらいで、巷の音楽は変わりません。人々は、民謡を踊り、江戸期以来の俗謡を楽しみ、あるいは清国から入ってきた月琴を使った清楽に夢中になったりしていました。

それが唱歌導入からほぼ一世代を経た大正期に入ると、ちょっと違ってくるのです。ちょっと、なのですが、その「ちょっと」が大きいのです。どういうことか説明しましょう。

大正末年、広島の演歌師の作ったうたが、全国の学生に広まっていきました。題して《ヨサホイ節》（二四）。春歌に変身して、その後長く大学のコンパの席の定番として歌いつがれた、♪「ひとつ出たホイの、ヨサホイのホイ」です。（以下、次章にかけて、日本の古いうたをいくつも引用することになります。私が依拠しているのは、野ばら社編集部・椎葉京一編『日本のうた』のシリーズ、および日本コロムビアから出ているCD八枚組『恋し懐かしはやり唄』です。）

このうた、弾むリズムは小唄調ですが、旋律は都節でも民謡音階でもありません。最後のライン（♪「親の承諾えにゃならぬ」――というのは、失礼、春歌版の方ですね）は、「わ《ド》た《ド》しゃ《ラ》死《ド》ぬ《ド》よ《ソ》り《ソ》、ま《ラ》だ《ソ》つ《ミ》ら《レ》い《ド》」。これ、じつは、昭和中期の代表的な洋風コーラス・グループ、デューク・エイセスがヒットさせた《おさななじみ》（永六輔＝詞、中村八大＝曲、六七）のエンディングと、リズム的にもほとんど同じなんです。

《おさななじみ》の方でいうと、このうた、♪「お《ソ》ーさ《ド》な《ド》な《ド》じ《ド》み《ド》の《レ》……」と長調で始まり、♪「お《ド》さ《ド》な《ラ》い《ド》す《ラ》が《ソ》た《ミ》の《ソ》　き《ソ》み《ミ》と《ミ》ぼ《レ》く《ド》」と、しっかり長調で終わっています。ただしファとシの音は出てきません。「ドレミファソラシド」の4番目の音と7番目の音を抜いたこの音階を「四七《ヨナ》抜き音階」といいます。《ヨサホイ節》も同じくヨナ抜き音階の歌、といいたいところですが、「まだつらい」で終わらず、すぐ5度あがって「ホイホーイ」が加わるので「ド」の音に終止感がありません。

民族のしらべを〝滅菌〟する

ヨナ抜き音階（長調）は「ドレミソラド」となります。民謡音階と同じ楽音構成ながら、「ミソラ」「ラドレ」等の3音テトラコードは作らず、（和声の支配を受ける）西洋的な音の進行を可能にする。この点が、さっきのべた「ちょっと違う」の意味です。実はスコットランド民謡の《蛍の光》や《故郷の空》（♪「夕空晴れて……」）も、ドレミソラだけの音階でできていることを思うと、この「ちょっとの違い」というのが、実は相当大きな違いであることに気づくでしょう。

《蛍の光》や《故郷の空》も——五音構成で日本の子供にも歌いやすいからという理由で——『小学唱歌集』の初版に入っています。この時の唱歌導入の中心的推進者が音楽取調掛の伊沢修二という人でした。この人の作曲した歌の中に《紀元節》（一八八八）というのがあります。

出だしのメロディはまるで越天楽。越天楽の持つみやびやかな感じをこめることを、作曲者は狙ったのでしょうか。でもそれは唱歌の枠組みのなかでのモチーフにしかすぎません。「レレミレド」と終わるところは、ごくありふれた低学年向け唱歌です。雅楽のもつ、テンポを微妙にスローにしながらすり上がっていくような荘重感がないというのは、子供に歌わせる歌だから仕方ないとしても、愛国の歌であるのに、子供たちのわらべうたに備わった民族のしらべを〝滅菌〟してしまおうという姿勢はどうなのか。

〈近代〉というのは総じてそういう時代でした。開国した東洋の島国は、列強による世界支配のシステムに組み入れられた。民族の立ち後れを意識し、西洋文化に向かって背伸びし続けていなくてはならないという、のっぴきならぬ状況だったわけです。民族の「こころの歌」などにウツツを抜かしてはいられない。教育では「風紀引き締め」が求められ、一種のピューリタニズム（清さの信奉）がはびこっていきました。

そして、伝統的な享楽の音楽がやり玉にあがった。背筋はいつもピンとしていろ。俗謡に心を揺らすなどもってのほか。ピューリタニズムというのは、歌や踊りに敵対的です。

ちょっと話が極端に流れました。ともかく、〝優れた〟異文化の音楽で心を律する音楽教育がスタートし、妥協の音階であるヨナ抜きの歌が、学童教育の現場で歌われ、これが一〇年、二〇年とかけて、全国の子供たちに押し当てられていった。それだけではありません。学校よりももっと規律のきびしい場所——といえば軍隊ですが、軍歌の世界がまたほとんどヨナ抜き一辺倒でした。

うたは心です。当初は不自然な音階でも、それを繰り返し歌っていれば、おのずと、それ相応の情感が形成されていきます。日本の場合、長調のヨナ抜き音階が最初に「腑に落ちた」のが軍歌でした。《歩兵の本領》（一九〇一）という歌があります。《浦島太郎》や《おやまの杉の子》に似た音階で、ダーンダ・ダーンダ・ダーンダ・ダンと弾みながら、「大和男子《オノコ》と生まれなば、散兵戦の花と散れ」と歌ううたです。

もうひとつ、音頭のリズム「ンタタッタ、ンタタッタ」にヨナ抜き風の旋律をのっけるというやり方がありました。さっきふれた《ヨサホイ節》がまさにそれ。

子供たちの間では、たとえば《茶摘》（♪「夏も近づく八十八夜、トントン）という和風のリズムを伴ったヨナ抜き唱歌が、「せっせっせーのヨイヨイヨイ」と合体していくという動きもありましたが、大人たちにより早くしっくり来たのは、同じヨナ抜きでも、短調の「ラシドミファラ」の旋律の方でした。後にサーカスやチンドン屋でおなじみになる《美しき天然》（一九〇五）は、この音階でできています。

ヨナ抜きの哀感、ヨナ抜きで失われた哀感

人工的な折衷音階だったヨナ抜きが、日本人のこころにしみてくる過程に、「名曲」が学

校教育等を通じて大衆に広まっていくという過程がありました。例を挙げれば、《叱られて》（清水かつら＝詞・弘田竜太郎＝曲、二〇）、《赤とんぼ》（山田耕筰＝曲、二七）、《月の沙漠》（佐々木すぐる＝曲、二三）、《あの町この町》（中山晋平＝曲、二五）など、今なお愛されるニッポンのうた、心のうたの数々です。

これらのうたは、大正時代になって起こった、〝芸術的〟な童謡創作の運動の流れの中で出てきたものです（鈴木三重吉が創刊した『赤い鳥』はその先駆）。それぞれが、ヨーロッパのメロディを日本的叙情性と融和させることを狙っていますが、《赤とんぼ》がドレミソラの五音をかなり西洋歌曲風に並べているのに比べ、《叱られて》は長調であるのに、♪「ねんねーしなー」の中間終止のところも、最後の♪「なきゃーせぬかー」のエンディングのところも、民謡音階を意識した作りで、全音上がりのエンディングにわびしさをにじませています。《月の沙漠》は、すでにこのころ流行歌にも定着してきていた「ヨナ抜き短調」のうたです。「シドミー」と都節のように上昇して、「ドシラー」と洋風短調のしらべで締める。

一九二二年（大正一一年）というと関東大震災の前年ですが、この年《籠の鳥》がまず関西でヒット、しだいに流行の輪を全国に広げ、二四年に帝国キネマで映画化され、翌年にかけて全国を風靡します。♪「会いたさ見たさにこわさを忘れ、暗い夜道をただ一人」（千野かおる＝詞）。後代に森繁久弥、加藤登紀子、藤圭子といった面々がカバーするこの歌は、叶わぬ恋の原風景として日本の複数の世代を魅了しました。鳥取春陽による短調ヨナ抜きの、スローなワルツのメロディは、大正琴の音色とマッチして、急速な近代化の進む大正末期を生きる人々のハートにしみたのではないでしょうか。

このようにして、小学校での唱歌導入から一世代を経た大正年間には、すでにニッポンのうた心は、和洋の異文化衝突をやりすごして、融合の着地点を見いだしていました。ヴァナキュラーな5音の音階と、西欧音楽との融合を、中央集権的な教育によってかくもスムーズに成し遂げたところは、いかにも日本的です。アメリカ南部の黒人・白人たちと好対照をなしています。

第三章　歌謡曲の土着と近代

昭和のうたの分裂構造

《赤とんぼ》のほか《ペチカ》や《からたちの花》を作曲した山田耕筰が、ヨナ抜きを一種の踏み台としてJ（和）からE（洋）へ舞い上がろうとしているのに対して、♪「雨降りお月さん雲のかげ」や♪「てんてんてんまり……」の中山晋平はEの要素をJに沈めるうたに力量を発揮しました。洋に舞うのか、和に引き込むのか——この綱引きは来るべき昭和の時代のほぼ全体を通して続いていくことになります。

日本で最初の洋風ヒット曲《カチューシャの歌》（一九一四）を作曲したのが、実は中山でした。これはトルストイ『復活』の舞台の劇中歌であり、アチラ風の香りがただよう長調の構成ですが、ヨナ抜きの旋律を基本にして、日本人に違和感のないうたになっています。ちょうどそのころ、巷では《まっくろけ節》というのが流行っていました。汽車の「♪けむりーでトンネルーは一まっくろけーのけ、オーヤ一まっくろけーのけ〽」という調子のよい節で、「歌舞伎座『助六』の上演中、通行人に扮した中村翫太郎が引っ込みに唄って花柳界で大ヒットした」(『日本のうた』第一集)のだそうですが、こういう、すぐに手拍子を入れたくなるはやり唄は、たちまち春歌に変わってしまう傾向がありました。

ここでちょっと立ち止まって考えたいのは「まっくろ・け」という日本語の韻律です。これは「おっぺけ・ぺ」と同じく、4音のまとまりに促音(っ)が入って、語呂がたいへんよくなっています。促音に限らず、撥音(ん)、長音(ー)、「あい」「おい」などの二重母音も、それが入ることで、「どんぶら・こ」「ほいさっ・さ」のように弾みが付く。「ホイキタ・ガッテン」「スッテン・コロリン」。言葉が自然に踊り出す。その調子のよさを土俗的で、なにか「はしたないもの」として排除するような音楽観を、近代の日本人は身につけたともいえるでしょう。

歌手を志す者は音楽学校に入って、西洋歌曲の歌唱法を身につけるのが規範となり、三味線音楽は芸者遊びの旦那衆の世界に囲われつつあった――とは必ずしも言い切れませんが、「音楽」と「演芸」の間に明確な仕切りが引かれ、日本の熟した芸の世界は夜と興と性の世界に落とされ、教育と文化の理想は、若き優等生らの心を引き連れ、まっすぐ西洋に向かう

——という大きな対比構造が、うたをめぐって安定していく——哀愁に満ちたロシア民謡、レにもソにも#をつける、スペイン・ギターの短調のしらべ。アルプスの角笛のしらべ……。これらヨーロッパを表象する音楽が、昭和四〇年代になってなお、歌声喫茶やユースホステルに集う若人《わこうど》たちの心を吸い上げていたようすを僕は知っています。

それら清い歌の系譜が一方にあり、もう一方に俗謡としての「唄」が泥沼のようにしてある。別の言い方をすれば、一方があこがれの対象として魅力をふるい、もう一方が共同体のノリとして、心に深く着床している。そんな具合に分裂した日本人（一概に日本人といっても地域差・階級差・世代差がはなはだしかったわけですが）は、どんなうたを心に響かせながら、昭和の時代を歩んでいったのか。その物語をこれから、ぎゅっと凝縮してお話ししてみます。

うたの胸、うたの腹、うたの腰

その前に、唐突ですが、〈うたのボディ〉という概念を提示してみようと思います。そのボディを、胸・腹・腰に分けてみます。

ボディといっても、それは目に見えるものではなく、目を閉じて感じるというものです。体部というよりは心の部位と考えてください。まず、私たちは〈頭〉であれこれ考えますが、考えは、それ自体、音楽とは別物です。〈頭〉は意識の別名、〈胸〉はその奥にある感情やフィーリングの中枢です。〈腹〉と〈腰〉は心のさらに奥底で民族的な節回しや無意識にしみついた体感を規定します。

〈胸〉は膨らますもの。〈胸〉は熱くなります。ため息を出したり、感動にうち震えたりするのはここです。《禁じられた遊び》のギターのしらべにうっとりしている新制中学のイガグリ君の胸は、漠然とした西洋イメージへのあこがれが詰まっていたことでしょう。あこがれる胸は、頭の支配を強く受けています。このとき彼は西洋に溶け込む自己イメージに頭でっかちの恋をしていたともいえるでしょう。

文学や思想ではよく知（ヘッド）と情（ハート）の分離ということを問題にしますが、二〇世紀の日本のうたを語るときに問題になるのは、アチラものの曲想をたっぷり吸い込んで舞い上がる〈ハート〉と、民族の伝統が染み着いた〈ソウル〉の対立ではないでしょうか。〈ソウル〉が宿るのは胸というより、日本人なら日本人の本音がこもる「腹」だといえそうです。演歌の唱法には「こぶし回し」や「いきみ」といった伝統的な身体性が絡みますが、こうした歌い方をするときには実際、下腹を含む身体全体が活用されるでしょう。もちろん西洋の歌曲を歌うときも腹式呼吸によるわけですが、声は頭蓋骨に響かせるようにしないといけません。胸に抱いた思いによってヴィブラートの喉を震わせるのと、演歌で「こぶしを回す」のとでは、心とからだの動きがやはり違っています。

腰について考えるのが厄介なのは、「腰を入れる」の「腰」に当たる概念が、少なくとも英語にはないせいでもあります。日本人は伝統的に、稲作民族としての腰をもっていました。安来節（どじょうすくい）でも、「えらいこっちゃ、えらいこっちゃ」でも、オカメ・ヒョットコの踊りでも、日本の踊りは、「腰の入った」状態がノーマルです。もちろん能の舞いや日本舞踊など、芸として洗練された舞いでは、そんなふうに野卑に腰を入れたりせずに、腰の位置をきめた上で、幽玄な摺り足で動くのが基本となるわけですが、民衆に密着したポピュラー・カルチャーの世界は、歌舞伎の見え、やくざの「おひかえなすって」、相撲の四股、盆踊りの「かついでかついで後下がり」などにおける、重心の安定をよしとする下向きの腰使いが基本でありました。そうした日本の――「日本」と限定はできませんが、東アジアのどこまでを同じ身体文化圏と考えていいのか、僕には分かりません――腰は、ポルカやリバーダンスを跳ねる腰とは違いますし、ワルツやバレーのように、体重を失って妖精のように舞うことを理想とする力学とは対照的です。

その腰も結局は環境がつくるものですから、環境が変われば変わるでしょう。日本人の身長や体型も一世代か二世代でかなり大幅に変わりました。歌い踊る民族としての集合的な身体も、二〇世紀全体というくらいの大きなスパンで考えれば、それ相当の深層的変化が起こっていると思われます。

ただ昭和四〇年代くらいまでの日本の流行歌に限って、その変遷を論じる本章で、腰の問題はあまり絡んできません。学生たちの間にソシアルダンスが流行っても、その影響が日本のうたにしみていったわけではないし、昭和三〇年(一九五五)あたりから、マンボ、チャチャチャをはじめとするニューリズムが採り入れられた、とはいっても、それは表面的なファッションにすぎなかった。流行歌の世界ではやっぱり小唄のリズムをもとにして、「ン・**タン**・タタタ・タッタ」と、2拍目でグッと腰を落とす和製のドドンパが他を凌駕していたわけです。

というわけで、この章では、昭和のうたに見られる〈胸〉と〈腹〉の動力学《ダイナミクス》を中心に検討していくことにしましょう。胸のなかでは常に欧米に向かって背伸びしていた昭和期の日本人は、腹(身にしみついた本音の音楽)までも欧化したのか否か。大急ぎでその足どりをたどってみましょう。

近代日本の流行歌、昭和篇

ＪＯＡＫ東京放送がスタートしたのが大正一四年（一九二五）。外資系レコード会社の日本法人として「日本ビクター」が設立されたのが昭和二年（一九二七）。昭和の時代は、マス・メディアの時代と符合します。どこかで誰かが歌い始めたうたが、人の輪の中で歌い継がれて、何年もかけて日本中に広まっていくというのでなく、職業的ヒットメーカーの作った歌が、レコードとラジオとテレビを媒体に、次々と巨大な大衆市場に出まわっていくという、回転の速い流行歌の伝播システムが、昭和の半ばまでに急速に確立されていきます。

共同体で歌い継がれていくうたと違って、流行歌は斬新さが売りになりますが、とはいえ、うたは本来的に保守的なもの。利潤を優先して考える業界は冒険を嫌いました。でも、飽きられることも恐れなくてはならず、保守的なつくりのうえに、どうやって新鮮な印象を与えるのかに腐心しなくてはならなかった。新しい試みは、それが成功すると、共同体のうた心を多少なりとも動かします。

銀座にモボ・モガが出現し（二四）、アール・デコ風の図案があふれ、バンツマ（坂東妻三郎）やアラカン（嵐寛寿郎）とともに近代日本のマスカルチャーが開けた一九二〇年代末から、戦後の復興を経て一九六〇年代の高度成長が始まるころまで。間に敗戦を挟んだ三〇年ほどの日本のうたを通観するために、ごくごく大雑把な時代区分を設けてみました。あらかじめその全体を示しておきましょう。

(1) 和洋衝突の時代（昭和ゼロ年代）――《波浮の港》では、日本的な詩情の曲を西洋風の情感で歌い、《東京行進曲》では、欧化する都会の風景を、和風のくつろぎをもってコメントする。そんな両極性のなかでスタートした日本の流行歌に、まもなく洋風のギター奏法でヨナ抜き短調の情感を歌う古賀メロディが新風を吹き込むが、民衆の本音のうたは、むしろ《東京音頭》の方にあった。そうしたなか、《ダイナ》など5音の音階の単純なジャズナンバーが鼻歌化して受け入れられたのが注目される。

(2) ヨナ抜き安定時代（昭和一〇年代）――寮歌・応援歌・軍歌などがほとんど長短のヨナ抜きで統一され、《すみだ川》（東海林太郎）など民謡調の流行歌は、〝日本的〟であることが強く意識されるようになった。タンゴを通して入ってきた欧風の和声短音階が「ブルース」と名づけられた4ビート曲にも浸透していき、戦時色が強くなると、退廃を諫める気運のなかで、《一杯のコーヒーから》（三九）、《鈴懸の径》（四二）など、西洋風の長調・短調のメロディが導入された。

（3）和の抑止時代（昭和二〇年代）——戦後復興の時代、《リンゴの唄》に始まる民衆のうたには、希望を響かせるという社会的機能が付与された。主流は西洋の長短調。日本の過去を感じさせるリズムや節回しは抑止され、少女の可憐さ（《リンゴ追分》）やアメリカ由来のブギウギもどきのリズムに包まれて世に出るというふうであった。

（4）都会と田舎の市場分離（昭和三〇年代）——高度成長の時代、半音の進行（ソ♯ラ、レ♯ミ）を特徴とするスローな短調四拍子の曲が都会の夜を歌う一方、三橋美智也、三波春夫の登場により、ヨナ抜き音階は、マイルドな民謡風の歌唱法をまとって田舎への郷愁を歌いあげるという対比が形作られた。その全体を〈和〉としてこれに対した〈洋〉の側では、アメリカで起こったロックンロールが〈黒〉っぽいポピュラー音楽をもたらし、日本語による「無国籍ポップス」が、歌謡曲全体に対置するほどの広まりを見せるようになる。

続いて昭和四〇年代は、〝黒化〟した洋風のうたと日本のうたとの反応が非常に興味深い形で展開をすることになるのですが、それについては次章以降に回すとして、まず昭和前・中期のうたに耳をすませてみましょう。大きな時の流れのなかで日本のうたが徐々に欧風な要素と馴染んでいくにつれ、それぞれの時期にどんな要素が対立し綱引きを演じていたか。

それを考えるのが本章の主眼です。

モン・パリ対東京音頭

昭和二年、フランス帰りの岸田辰弥の指導のもと、宝塚少女歌劇団が「モン・パリ」と題するレビューをやって大成功を収めたのだそうです。そのテーマ《モン・パリ》は欧米で大ヒットした、純粋にアチラもののうたでした。一方、同年に作られた《お菓子と娘》(西條八十＝詞、橋本国彦＝曲)は♪「お菓子の好きなパリ娘、二人そろえばいそいそと、角の菓子屋へボンジュール、選る間もおそしエクレール……」という歌詞ですが、こうした洋物系のうたは当時の日本の大衆の耳にどう響いたのでしょう。

大手のレコード会社は、どんなうたを誰にどう歌わせたら売れるのか、まだよく意見がまとまっていなかったようです。ビクター・レコードが流行歌第一弾として出してきた《波浮の港》というのは、今聴くとちょっとチグハグな感じがします。どこが変かというと、

(1)歌詞(野口雨情)は、「磯の鵜の鳥ゃ日暮れにゃかえる、波浮の港にゃ夕やけ小やけ」と日本的情景を歌っている(初出は、大正一二年の『婦人画報』)。

(2)曲(中山晋平)の入りは「ミラドミ」と、短調の和音をなぞって上昇し、洋風な感じを

醸しだしはするものの、基本はヨナ抜きのメロディであり、リズム的にも「七七七七」の歌詞にあう、和風感覚が意識されている。
（3）伴奏は、マイナー・コードをポロポロと奏でるピアノ・ソロ。
（4）歌唱法はベルカント。最初に吹き込んだソプラノ歌手佐藤千夜子も、第二弾を出したテノール歌手の藤原義江も、西洋の唱法で朗々と歌い上げている。

要するに、西洋の情感を吸い込んだ日本人が、美しい日本をテーマにしたうたを企画して作ったうた、といっていいでしょう。レコードという舶来の利器に日本人向けのうたを乗せるのですから、それが妥当と思われたのでしょう。実際、蓄音機はまだまだ高価で、流行歌とはいえ、庶民全体をターゲットに、とは考えにくかったのかもしれません。しかし物珍しさも手伝ってか、佐藤盤と藤原盤、合わせて一七万枚が売れたそうです（『日本の流行歌史体系・総覧』ダイセル化学工業、一九九〇）。流行歌レコードは当初から、庶民の市場が引っぱるものでした。同時代のアメリカでも、黒人層や田舎の白人が、たくさんのレコードを買ったことが記録されています。

そして大衆はむしろ、「あちら」をテーマにしても、うた自体は、自分たちの胸にも腰にもピタリくるものを望んでいました。洋を規範にして、そこへ和を導き込むのではなくて、和の軸を守りながら、洋化していく社会を茶化したり、讃えたりしていくうたです。

たとえば同じ昭和三年に吹き込まれた歌に《当世銀座節》というのがあります。モボ（モダン・ボーイ）とモガ（モダン・ガール）が話題になった銀座の風俗を「ンタタタ・タンタン」のリズムで歌う、西條八十・中山晋平コンビの小唄です。♪「セーラーズボンに引き眉毛、イートン断髪《クロップ》うれしいね」という具合。ヨナ抜きの旋律と歌唱法は和洋折衷という感じですが、「喉」は少々洋風気味であったとしても、胸から下はズッポリ日本。

同じコンビが翌年放った《東京行進曲》は、♪「ジャズで踊ってリキュルで更けて……」、「シネマ見ましょか、お茶のみましょか」と、モダンな街を賛美しているものの、前奏も「チキチンチキ・チンチキチンチン」。佐藤千夜子の洋風の喉が、今聞くとそぐわない感じがするほどディープな日本歌謡ですが、それが溝口健二監督による同名映画のタイトル曲として格好良くスクリーンに流れ、人々に口ずさまれていく。「流行歌」というモダンな商業ソングの力そのものを見せつけるようなヒット曲となったわけです。

中山はこのころ、伝統への沈降というテーマを意識的に掘り下げ、地方の「新民謡」を多数書いていましたが、昭和八年に、これまた西條とのコンビで《東京音頭》を大ヒットさせました。今も神宮球場で歌いつがれているこのうたは、頭から胸から腰から、全部が日本の伝統歌謡で、まるで、半世紀間、巧妙に抑えつけられ懐柔させられていた日本のうたのむきだしの身体が、「やっとなー、ソレ、ヨイヨイヨイ」という感じに吹き出ているかのようです。世は不況が進み、日本は国際的に孤立していく。《東京音頭》を踊り狂う一団が市電を止めてしまうほどだったと、ものの本に書かれています。

私のダイナ 対 飲ませて頂戴ナ

昭和三年という年はまた《私の青空》《アラビアの歌》等、ジャズ・エイジのアメリカから入ってきたナンバーが、放送開始まもないラジオから流れた年でもありました。このころアメリカはジャズ・エイジの真っ盛り。都会では白人の若者たちがジャズに浮かれて享楽のライフスタイルをエンジョイしていました。ここで視点を替えて、アメリカの都市の白人（Eの人たち）にとっての、うたの変化を見てみましょう。黒人音楽との最初の接触を意味するジャズ・ブームは、彼らのうたに、どの程度の変化をもたらしたでしょう。

事情は日本の洋楽摂取のケースと似ている——というか、ある意味で逆転しています。つまり、同時代の日本の若者が「正しい音程やリズムを身につける」意識で洋楽に向けて背伸びしていたころ、アメリカの豊かな若者たちは、「正しい規範を崩す」ことの享楽を求めた。

つまり一九二〇年代のアメリカの都市では、アフリカ系住民のうたが、ヨーロッパ系のうたの伝統的なリズム・メロディ・歌唱法を崩す力をあてがっていたわけです。

うたの混淆《こんこう》の最前線は盛り場のダンスパーティでした。そこで演じられる〝ジャズ〟は、既成の文化エリートから見れば、教養を欠いた大衆の野蛮な音楽でした。この年（一九二八年）、四九歳で亡くなる舞踏家のイサドラ・ダンカンは自伝『魂の燃ゆるままに』にこう書いています。「ジャズのリズムがアメリカを表現していると考える人がいること自体、わたしには恐ろしいことに思えます。あのリズムは、原始的な野蛮人の表現なのに」

一九三〇年代後半になってビッグバンドの奏でるスイング・ジャズがメジャーな展開を始めるまで、アメリカでジャズと呼ばれた音楽は、私たちのイメージとはかけ離れたものが多いようです。一九二八年（ニューヨーク初演は前年）世界の都市で話題を呼んだ『ジャズ・シンガー』は最初のトーキー映画として有名ですが、そのテーマはうたをめぐる世代間断絶でした。父は代々のユダヤ教寺院での聖歌歌手。子はラグタイム（直訳すれば「ガクガクの拍子」）のうたを酒場で歌って父に勘当され、ショーの世界に入っていく。成功して、父の六〇歳の誕生日に家に戻ってきた息子を父はまだ許せず「You jazz singer!　わが家にみだらなうたを持ち込みおって」といって罵ります。

むろん最後はハッピーエンドで、顔を黒塗りした主人公（アル・ジョルソン）が母の見守るブロードウェイの舞台で、母への愛を歌い上げる。感動のクライマックスをなすラスト・ナンバーは、曲想も歌唱法も、完全にユダヤ＝キリスト文化の正統ソング。顔の黒塗りはただの「化粧」にすぎません。しかも喉から下はまったく「白い」のです。

業界主流の音楽家が、Bの要素を芸術的に統合した例は知られています。中でも有名なのは、ジョージ・ガーシュイン作曲による《ラプソディー・イン・ブルー》でしょう。フル・オーケストラによるこの曲のお披露目は、一九二四年、ニューヨークのエオリアン・ホールで、大々的に行われました。「イン・ブルー」とは（長調でも短調でもない）「ブルースの調で」と同義です。黒人音楽の様式をくっきりと採り込み、なおもEの音楽であり続けているこの曲は、同じく黒人的なシンコペーションを駆使した《魅惑のリズム》（二四）とともに、ガーシュインの代表曲に数えられています。

《私の青空》に話を戻すと、この歌はジーン・オースティンが美声で歌って一九二八年の全米チャートのトップに一三週君臨したベストセラーですが、同年、日本ビクターは、さっそくこれを浅草芸人の二村定一でアップテンポな歌としてレコーディング。訳詞は堀内敬三による端正なものですが、背景にディクシーランド風の騒がしい演奏を配し、ジャズ・ソングとして売り出します。同じ浅草芸人の榎本健一（エノケン）のバージョンを覚えている方もいるでしょう。彼はリラックスしたテンポで、「𝄽せまい《ドドド》―ながらも《ドシシラ》―たのしい《ラソソラ》―わが家《ソファラ》ー」と一拍一拍頭打ちにして歌いました。基本的にヨナ抜き音階で、サビのところも一段ずつの音程変化という歌いやすさが、明治生まれの聴衆にも抵抗なく受け入れられた理由だと思われます。

エノケンの歌の妙味はトボケにありました。ジャズを歌わせてもシャンソンを歌わせても――晩年はロックの《バラ・バラ》（オリジナルはドイツのグループ、レインボウズ、六七）などを吹き込んでいますが――うたから「歌い上げ」の要素をぬぐい取って、見事に鼻歌化してしまう。そのエノケンがディック・ミネが歌ってヒットしたブロードウェイ・ソング《ダイナ》を替え歌にして♪「だーんな、飲ませてちょーダーイナ……殴って頂戴ナ、つねって頂戴ナ……」とやり、これがまた日本中で歌われました。本歌の旋律が日本の俗謡に通じる5音音階だったので、酔っぱらいの歌に容易にすり替わることができたのでしょう。

うたはヨナ抜き、気分はタンゴ

昭和戦前期におけるレコード盤流行歌において、圧倒的に多いメロディは、なんといっても、長短のヨナ抜き音階によるものです。三五年には《二人は若い》（ヨナ抜き長調）が、翌年には《あゝそれなのに》（ヨナ抜き短調）が記録的なヒットとなりました。「アー、ネバーザレス、ネバザレス（ユーシー？）」というあやしげな英訳版まで巷に流行した美《み》ち奴《やっこ》の《あゝそれなのに》の売り上げは五十万枚に達したそうです。

北原白秋が詞を書いた《ちゃっきり節》（♪唄はちゃっきりぶし、男は次郎長）など民謡調のうたも、もちろんまだかなり庶民への浸透度があったわけだけれど、こういうのは次第に日本調という「印」がつくようになります。そしてそれを敬遠する、モダン志向の層に合わせた、ヨーロッパ的哀感が流行歌の世界に入ってくるという展開となるわけです。

一世代前の日本人には人工的な旋律と感じられたはずのヨナ抜き旋律で、それまでの歌には見出しがたかった激しくロマンチックな想いを歌い上げた名手が古賀政男でした。代表曲《影を慕いて》（三二）を思い浮かべて下さい。ギター一本で、アルペジオの奏法を交えながら「まーぼろーしの……」と歌うたです。

この歌を作った当時、古賀政男はまだ明治大学の学生で、帝国劇場でスペインのクラシック・ギターのコンサートを聞いた帰り、感激してこのうたを作ったと伝えられています。ギターによる、Dm—Gm—A_7のスリー・コード進行自体はグッと欧風ですが、前奏の部分が、

♪「からすの赤ちゃんなぜ泣くの」に似た日本的なメロディにしてあります。つまり曲のなかで強く意識に残る部分は日本的な感じもするのですが、「胸」から下の部分では、そうと知れずに欧風にできている。実はこの歌、前年に佐藤千夜子がソプラノで歌ったときにはヒットしなかったのです。「再吹き込みの藤山一郎が当たったのは、高音の音を張り上げないで歌うクルーン唱法を生かしたから」と、『精選盤　昭和の流行歌』の解説者が述べていますが、そうと知れずに欧風、というところがたぶん微妙に重要だったのでしょう。もろに欧風の佐藤の歌唱は、よそよそしく聞こえたのだろうと思います。藤山のクルーナー唱法は、ビング・クロスビーら同時代のアメリカの白人男性シンガーの甘い声を連想させますが、スイングはせず、中音部で平坦に、ひとつひとつ丁寧に歌詞を置いていっています。

《影を慕いて》がヒットした翌年、ミス・コロムビアが清楚な高音をふるわせながら歌う《一九の春》（三三）といううたが流行りました。♪「ながす涙も輝きみちし、あわれ十九の春よ春」という、いわば戦前版の《SWEET 19 BLUES》です。伴奏のスチールギターが斬新な曲ですが、スチールギターがなぞるのはヨナ抜きメロディであっても、アコーディオンの方が、エンディングを「ミファ#ソ#ラ」というふうに旋律短音階で締めていたりして、要するにバックが西洋です。でもまだこのうたでは、西洋の短調に特徴的な「ソ#」の音がメロディとして歌われるまでにはなっていません。

ところが、渡辺はま子の《忘れちゃいやョ》（三六）になると、これは「トンタッタ、ウンタッ」のリズムでやる小唄調の歌なのに、一番色っぽく歌うところ、「ねぇ、忘れちゃいやョ、忘れないでね」の最後のところは、「ミラシドシ#ソラ」と自然に欧風和声短音階になっているのです。そして、タンゴの影響でしょう、間奏のクラリネットとアコーディオンは半音の音を使いまくっています。

小唄にしてそうだとすると、最初から外国を意識したうたはどうだったでしょう。松島詩子《マロニエの木陰》（三七）のイントロは、いま聴くと恥ずかしくなるくらい情熱的に欧風です（このタンゴ曲では、うたの部分も、和声短音階を強調したメロディになっています）。それに比べると、淡谷のり子を〝ブルースの女王〟にした《別れのブルース》（三七）は、おとなしめだといえるでしょう。ムーディなクラリネットの音で始まるものの、「メリーケーン《ミラシド》波《ミファ》止ー場に《ミドミ》、灯がーみーえーる《ラシドミドドシラ》」はヨナ抜きを踏襲。出だしの「窓をあけ《ミラシドシ》ーれば《#ソラ》」も、実はさっきの「忘れない《ミラシドシ》ーでね《#ソラ》」と同じ節。斬新さが売り物のうたでも、けっこう慎重な曲づくりだったわけです。

《別れのブルース》は服部良一の曲ですが、この時期服部は、ジャズを含めた洋風の要素を流行歌の中に引き入れる努力を続けていました。《山寺の和尚さん》というと、童謡のイメージが強いでしょうが、これも手鞠歌を換骨奪胎して服部がジャズに仕立てたナンバーで、中野忠晴がコロムビア・ナカノ・リズム・ボーイズと歌っている一九三七年の盤では、シンコペーションをふんだんに使い、「ポーンと蹴りゃ」の「ポーン」もウラ拍で入って、キック感を醸しだしています。服部はまた、「一杯の《ドソソ》、コーヒから《ラミミミ》」という、もろに西洋風の大衆ソング（霧島昇／ミス・コロムビア、三九）も手がけています。民謡音階に日本の叙情を込めた中山晋平、ヨナ抜き音階で日本人のハートを射ぬいた古賀政男、日本のうたを欧米の現代風に押し上げようとした服部良一――この三人を並置すると、日本の流行歌が、戦前のほんの一〇年ほどの間に、ずいぶん足早に軸を動かしてきたことが観察されるでしょう。

東京ブギウギ、三味線ブギウギ

「J」が「E」に近づく一方で、戦中／戦後の時期、アメリカのポピュラー音楽が〝黒化〟していく、その象徴がブギウギでした。ブギウギと呼ばれるビートの利いたアップテンポな奏法は、黒人のジャズ・ピアニストたちの間では、一九二〇代末には登場していたようですが、それがアメリカの主流エンタテインメントに入り込んで世相的にも話題となるのは、一九三八年あたりのことです（この年トミー・ドーシー楽団の演奏する《ブギウギ》が話題になりました）。欧州での大戦が足かけ3年目に突入した一九四一年には、『バック・プライベート』という入隊促進を目的とするコメディ映画が上映され、その中で、アンドリューズ・シスターズが、素晴らしいグルーヴとハーモニーで、ラッパ吹きの二等兵を歌う《ブギウギ・ビューグル・ボーイ》を歌い踊り、これが大当たりします。カントリー界でも、戦後まもなく、インストゥルメンタルな《ギター・ブギー》のヒットが、ロックンロールを先取りしたかのようなスタイルを広めました。占領下の日本でブギが流行ったのは、日本人が黒人音楽を移入するというより、GIの志向を意識した部分が大きかったのだと思われます。

リズム面では、シンコペーションがふんだんに出てくるのがブギなのですが、その特徴は、笠置シヅ子の《東京ブギウギ》（服部良一＝曲、四八）の歌唱には反映されていません。たしかにバックのラッパは「（シパッパー）」のリズムを刻んではいますが、「手拍子とって歌おう」という歌詞が意図していたのはどんな手拍子だったのでしょうか。おそらく「アメリカみたいに陽気にいこう」という以上の意味はなかったのかと思います。「ト・オ・キョ、ブッギウッギー」とハキハキとした発声で長調音階を弾みながら、長いスカートを蹴り上げれば拍手喝采がわき起こった。それでよかったのでしょう。

戦争は国民に、風紀の引き締めを要求しました。ジャズもリキュールも三味線も、涙も笑いもお色気も、日本のうたから抜け落ちて、望郷のヨナ抜きソングと戦意高揚のマーチ一色に塗りつぶされた――というわけでもありませんが、戦後のＮＨＫ『ラジオ歌謡』から流れた歌の多くが、たいへん健全なうたばかりであったことは、僕も半分リアルタイムで知っています。《リンゴの唄》（四五）で開けた、明るい歌のマーケットは、岡本敦郎の《高原列車はゆくよ》（五四）を通過しても、小坂一也の《青春サイクリング》（五七）を通過しても閉じる気配はなく、大学生たちを歌声喫茶に送り続けました。

そんな中で、黒人のビート音楽に由来する〈ブギウギ〉もヒットするのですが、とはいえ、《東京ブギウギ》も《銀座カンカン娘》（佐伯孝夫＝詞、服部良一＝曲、四九）も、バッドな歌ではありません。〝だらしない〟流行のリズムで歌われはしても、楽しく明るい長調の歌の美徳はしっかりこもっていました。後者を歌う高峰秀子の歌唱に「崩した」感じはありません。一見不良そうでも、♪「家はなくてもお金がなくても」、強く明るく生きているんだという仕上がりになっています。

洋風の清潔と元気が、国民的な盛り上がりを見たことは、逆に言えば、日本の伝統サウンドが日陰っぽくなっていったということでもあります。このとき、芸者歌手の市丸が逆転ヒットを狙いました。服部良一先生に頼んで《三味線ブギウギ》（四九）という歌を書いてもらい、♪「三味線ブギーでシャシャリツシャンシャン《ドドミレレドドララソソララ》」と歌ったのです。もっともこの歌、イントロの頭だけブギっぽいのですが、うたが始まると、頭打ちの音頭のリズムが支配してしまってまるでブギになっていません。進駐軍の兵士にはずいぶん受けたらしいのですが、市丸ねえさんの歌唱が本物（ワールド・ミュージックとして世界に通用するはずのもの）であるだけに、ここまで単純化した三味線音楽を今日聴くのは辛いものがあります。

買物ブギのラディカルさ

音頭といえば、伴奏に洋風の明るさを呼び込んでモダンな装いにした《お富さん》（渡久地正信＝曲、五四）が、若手の二枚目、春日八郎の歌で、国民的なヒットになりました。歌舞伎ネタのヨナ抜き音階のうたですが、しかしこの曲の明るさは、実のところ、純日本的なものではありません。前奏は長調のマーチ風。ベースも「ドミソラドラソミ」とブギの進行です。市丸ねえさんの場合と同じく、ここでブギは、敗戦によって謂われもなく呪われた過去の日本を、明るく演出する役を果たしているのでしょう。テンポの速さもいい感じです。手拍子と拍子木のリズム（譜⑨）は典型的な音頭ですが、なにしろテンポが速い（♩＝128）。速

《お富さん》の手拍子

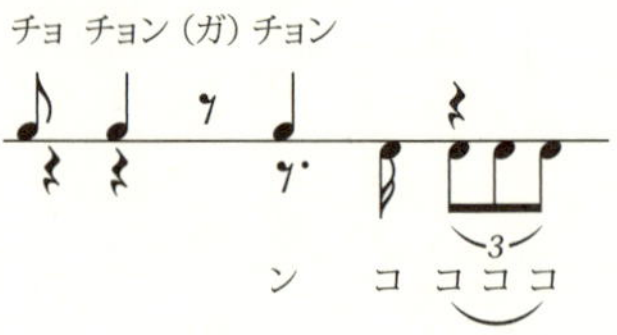

譜⑨

いという点は笠置シヅ子の《買物ブギ》（五〇）でも同じ（こちらは♩＝100程度ですが、喋り拍の歌なので、ベラベラベラベラ進みます）。《買物ブギ》は〝下品〟なうたです。つまり《東京ブギウギ》のように、「世界のうた、楽しいうた」とか、学校教育の場でも通用する公的な言葉を口にすることなく、買物には来たけど、いったいナニこうたらいいんやろと、私的たわごとをラップする。歌い方もズルズルとだらしない。だらしないけれども、一応、欧米の音楽の統御は受けています。メロディはちゃんと洋風の和声短音階。「わてほんまによういわんわ」（譜⑩）のところは短調の楽音進行を踏み外していません。

　それでもこの歌では、しばしば過去の日本が顔を見せるのです。♪「わさびをきかせて、おすしにしたなら」のところは、「井戸のまわりでお茶碗かいたの」と同じ旋律に聞こえますし「なんぼーかおいしかろ」（譜⑪）も、都節のエンディングのようになっているし、「お客さん、あんたはいったい、なにかいまんねん」としゃべり調子になるとことでは、「あんたはいったい」が「うそついたら（針千本のーます）」の土着旋律に転じる。そうやって見る

買物ブギ

村雨まさを 作詞
服 部 良 一 作曲

譜⑩

譜⑪

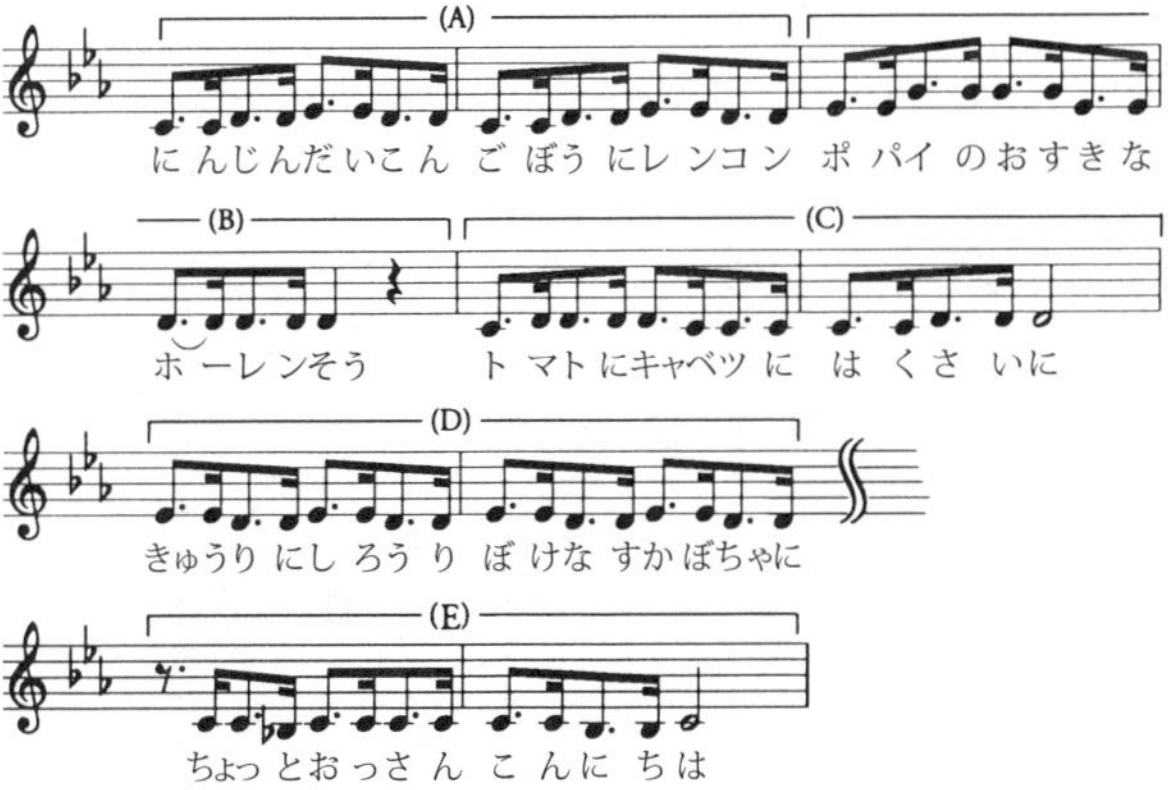

(A) 洋風短調（ラシド）→（B）都節（シドミ）→（C）都節的長２度（ラシ）→（D）都節的短２度（シド）→（E）わらべうた的長２度（ソラ）

譜⑫

とこれはけっこう複雑なうたであるわけです。

ここのところ、ちょっと徹底追及してみましょう。「にんじんだいこん」で始まる部分を譜にしてみました（譜⑫）。［ごぼうにレンコン—ポパイのお好きな—ホウレンそう𝄽—トマトにキャベツに—はくさいにー—きゅうりにしろうり—ぼけなすかぼちゃに—・とうきょう—ネギネギブギウギ］。リズムはブギというよりアップテンポのトンコ節（ふつう「ピョンコ節」というようだが、どうも跳ねすぎの感じがするので）。最初はラシドの3音で短調の曲想を保っていますが、［ポパイのお好きな—ホウレンそう𝄽］の音の高さはド・ミ・ド・シと都節風に変化する。それが［トマトにキャベツに—はくさいにー］のラ・シ・ラ・シと、［きゅうりにしろうり—ぼけなすかぼちゃに］のド・シ・ド・シを通過して、［𝄾ちょっとおっさん—こんにちは］になると、ラ・ソ・ラ・ソとなっている。日本のうたの最も基底的な2音がむき出されている。まるで洋風短調→都節→ラップ的わらべうたへと、うたの衣を一枚ずつ脱ぎ捨てていくような歌い方です。

ジャズという音楽は、そもそも、西洋音楽にはどうも完全にはなじみ切れない黒人たちが、リズムにおいて、音階において、自分たちのフィーリングに合わせて既成の枠を崩していった音楽でした。崩していった先に新たな落ちつきが得られると、それがまた制度になるわけですが、ジャズという音楽は常に、即興を重視する精神を保ってきました。この意味で《買物ブギ》の笠置シヅ子はジャズっているといえるでしょう。楽曲の要請からすると、「ラ」と「ソ#」とを行き来するはずの「ちょーとおっさんこれなんぼ《ラソソラソソラソソララ》」を長2度の音程で歌うことで、和声短音階の気取った感じを拭い去る。この〝ナチュラル化〟によって、日本の底辺を復権させているわけです。この点、「時計ながめて《ラララララ#ソラ》」そわそわニヤニヤする銀座のカンカン娘たちは、ソから#を取らない分、まだまだ「イメージとしてのバッド・ガール」を気取るに留まっていると言えるかもしれません。

「有楽町」対「故郷の村」

漏らしたものがあまりに大きな、ザルで水をすくったような話でしたが、とにかくこの章では、伝統的な日本のうた——そこにこもる哀しみ、詠嘆、喜び、弾み——が、文化的覇権者である西洋の〝すぐれた〟うた心との接触によって徐々に軸を動かしてきた過程を追ってきました。

その軸が形式的にでも一応西洋に近づいてきた時点で考えるべきことは、じゃあ西洋のソング形式にハマリ切らないどんな抒情をその時代の日本人は抱えていて、それをどんな形で吐き出してきたんだろうということです。あるいは、西洋の形式に収めてしまうときに、どんな照れが生じたのか。その「照れ」はハート（個人的な舞い上がり）とソウル（民族の心）のギャップに由来するとも言えます。照れることなく、より真実味のある本音を響かせるために、人々はどんなうたのスタイルを創出してきたのか——。

この問題が流行歌の構造変革という形で具体化するのは一九六〇年代、それも歌謡曲がロックと反応する後半のことだということを、次の第五章と第六章で見ていくことにしましょう。しかしもちろん、そこに行き着く前に、日本歌謡はさらに欧化の道を進みます。

一九五〇年代後半には、短調の流行歌の中心に、それまでのヨナ抜きに代わって、タンゴなどを通して入ってきたヨーロピアンな短調の音階を、ダンスホールのブルースを装った〝トンコ節〟にのっけるというやり方が定式化します。この頃の佐伯孝夫作詞・吉田正作曲の楽曲はほとんどがこのパターン。トランペット（またはサックス）とエレキギターのイントロ、強く押し出した4ビートのリズム・セクション、ストリングスやビブラフォンで味付けをする。

都会のムードを表す旋律にはどんな特徴があったでしょう。三浦洸一《東京の人》（五六）

東京の人

佐伯孝夫 作詞
吉田　正 作曲

譜⑬

で確認してみましょう（譜⑬）。

前奏は最初の四小節がトランペット、残りの四小節がストリングスです。とにかくソとレに、いっぱい#がついているようすを確認して下さい。使う楽器も、旋律も西洋っぽいし、歌い方もスイートに喉をころがすクルーナー唱法です。それでも歌謡曲のフィーリングがするのは、七五調の歌詞に対し［トンコトンコトンコタターンタ］を繰り返すリズムのせいでしょう。この［トンコトンコ］と弾むところが、「あんたがたどこさ」と同じであるわけです。（《有楽町で逢いましょう》の場合は、「あなたを待てば、雨が降る」のところが［ト《1》ンコト《2》ンコト《3》ンコタ《4》ー、ト《1》ンコタ《2》タ《3》タ《4》ー］となる。）それと、一つの小節に4つではなく3つの音を入れる場合、頭に1拍休符を置いて調子を取るのが小唄や音頭の伝統ですが、《東京の人》では［𝄾銀座……］以降のところが全部そのやり方にしたがっています。ナイトクラブのネオンの明かりがちらちらしても、ここは東京。〈胸〉のなかは「ソ#ラ」や「レ#ミ」の半音進行であっても、ブルースを踊る〈腰〉の方はしっかり日本の腰だということでしょうか。

短調でソに#がつくというのは、たとえばAmの曲でE_7のコードが使われる限り、とても自然なことなのですが、しかし、同じ三浦洸一が同時期に歌った《踊子》（五七）の出だしの♪「さ《ミ》よ《ラ》な《ソ》ら《ソ》も《ラ》言《シ》え《ソ》ず《ミ》ー」では、短調なのに#のないナチュラルなソ。このことには、舞台が都会ではなく、伊豆の日本的情景というのが、関係しているのでしょう。

高度成長前夜、洋—和の対立は、東京—田舎に重なっていました。この構造に、和声短音階—ヨナ抜き短調という音階の違いがピッタリ呼応していました。後者のうたを歌った代表選手が、この時期登場した三橋美智也や三波春夫です。《リンゴ村から》(五六、♪「おぼえているかい、故郷の村を」)では、民謡風の張りのある歌唱が伸びます。《チャンチキおけさ》(五七)は、都会に出てきた知らぬ同士が、屋台で出会って、一緒に小皿を叩いてオケサを始めるといううたですが、「♪知らぬ同士が《コトンコトンコトンコ》♪小皿叩いて」のリズムと「チャンチキおぉぉけーさぁぁぁあ」の「さ」揺りが、ヨナ抜きのメロディに強靭な日本性を与えています。

この時期はまた、子供番組のテーマソングも、「笛吹き童子」「紅孔雀」などのヨナ抜き中心から「月光仮面」や「少年探偵団」の欧風短調、「赤胴鈴之助」「チロリン村とくるみの木」の長調へと、変化が見られた時代です。そんな展開のなかで、ヨナ抜きの定型メロディは、田舎または過去の表象としての意味をいよいよ明確にしていきます。

「ベンチでささやくお二人さん」に「早くおかえり」と注意し、家出娘に「故郷《くに》じゃ父さん母さんたちが死ぬほど心配してるだろ」とヨナ抜きかつ古式ゆかしきリズムでやさしく呼びかける曽根史郎の《若いお巡りさん》(五六)も、音楽的に推測する限り、きっと地方出身者だったのでしょう。

うたのマトリクス

この章では、昭和前半の三〇年間ほどの流行歌を素材に、その進化の足取りを大急ぎでたどってきました。注目すべきは、昭和が始まるとともに流行歌の時代に入ってからほぼ一〇年ほどで、ヒットの方程式ができあがっていたらしいという点です。

一九三七年にレコードで登場し、国民の記憶に焼き付いた三曲を並置してみましょう（次ページ表）。

空前のヒット曲《あゝそれなのに》は「ンッタ、タッタ、タッタ、タッタ―タッタ、タタタ、ター」の拍取りで、ジェラシーにかられた芸者さん（美ち奴）が歌う、一種の「ネエ小唄」です。

岸井明・平井英子のデュエット曲《タバコやの娘》にそんな色っぽさはありません。「向う横丁のタバコやの可愛い看板娘」（薗ひさし＝詞）に会いたくてきょうもタバコを買いに行くという、町内ののどかなシチュエーション。♪「タンタンタタヌキの……」の替え歌になったそのリズムは、《あゝそれなのに》より速めですが〝トンコ節〟であることに変わりはありません。

	ボーカル	メロディ	リズム
あゝそれなのに	美ち奴	短調ヨナ抜き	正調トンコ節・ネエ小唄
タバコやの娘	男女デュエット	長調	童謡風トンコ
別れのブルース	淡谷のり子	和声短音階	トンコ・ブルース

もう一曲、思い切り洋風のムードを醸しだす、淡谷のり子の《別れのブルース》を並べてみます。ブルースといっても、これは、黒人由来の3部形式ではなく、ジャズの4ビートにのせた4部形式の曲です。黒人ブルースは、一般に「タンタ・タンタ」または3連符で「タタタ・タタタ」というリズム取りになります。これをシャッフルビートと呼びますが、日本の「トンコ・トンコ」も一種のシャッフルなので、トンコ節の曲を4ビートのベースにのせ、クラリネットやサックスやハイハットで飾りたてると、日本人にも歌いやすい、しかし雰囲気としては洋風の曲ができるわけで、服部良一をはじめとするライターはそこを活用し、歌謡曲ジャンルとしての〈ブルース〉を作り続けました。後年、六〇歳を超えてからも淡谷はテレビでよくこの歌を歌いましたが、そちらはずっとスローな、弾まない歌唱でした。ところが、昭和一二年の録音で聞くこの歌は、伴奏も——黒人風ではなく欧風に、軽やかに——弾んでいます。

ここで「うたのマトリクス」という概念を持ち込んでみましょう。

	ボーカル	メロディ	リズム
チャンチキおけさ	三波春夫	短調ヨナ抜き	正調トンコ節・佐渡おけさ
一丁目一番地（ラジオ主題歌）	黒柳徹子ほか	長調	明るい行進曲風のトンコ
有楽町で逢いましょう	フランク永井	和声短音階	トンコ・ブルース

マトリクスは「母体」「鋳型《いがた》」などと訳されますが、リズムやメロディを一定の型にはめつつ、それぞれの楽曲を生み出す基盤をいいます。一度聞いてすぐにノレるようなうたでないと、なかなか商売しにくいというわけで、流行歌のマトリクス、特に身体で感じるリズムの型は、どうしても固定的になりがちです。国民共通のノリとして確定しているものを、そうはいじれません。

というわけで、日本の流行歌は執拗に——黒人ブルースにシャッフルビートがついてまわるのに匹敵するほど執拗に——「トンコ・トンコ……」とそのバリエーションに、はまり続けてきました。

戦時体制下でヒットした《湖畔の宿》(四〇)と、いわゆる少国民向けの唱歌《めんこい仔馬》(四〇)は、日本国民がみんなその替え歌を口ずさんだほど浸透しましたが、前者は〈トンコ・ブルース〉、後者は長調の童謡風のトンコで、リズム的には同じマトリクスの産物です。

戦後もこの母型から、国民の胸にしみ、腹に落ちるうたの数々が生まれ続けていきます。一九五七年の流行ソングから記憶に残るうたを三曲抜き出してみました（右表）。

　こうしてみると、戦争を挟んで二〇年、その間、日本のうたのマトリクスはほとんど動いていないかに感じられます。昭和一〇年代の初頭に美ち奴と淡谷のり子が、和と洋を対照づけていたとすれば、その形式がそのまま、昭和三〇年代の三波春夫（ふるさと・おけさ）とフランク永井（有楽町・ビル）の対照に引き継がれている。

　ところが、この安定した対照関係が、この後まもなく攪乱《かくらん》されるのです。攪乱はリズムと音程、両面からやってきます。

（1）ひとつには〈トンコ・ブルース〉が「上品な洋風」ではなくなっていくこと。水原弘の《黒い花びら》（五九）を皮切りに、それは、黒人ブルースにならって3連拍を活用し、強い感情を吐露するビート歌謡の枠組みに転じていくのです。

（2）そして、それとともに、メロディから、和声短音階のソ#が落ち、いわばニッポンのはらわたを晒していくようになる。西田佐知子の《アカシアの雨がやむとき》（六〇）は、「このまま死んでしまいたい」という冷えきった感情を、ヨナ抜き長調のメロディとバックの

「」の通底リズムとによって伝えるうたです。

(3)さらに六〇年代が進展していくにつれ、ビートルズが来日するころまでには、城卓矢、森進一、青江三奈らがデビューして、《骨まで愛して》(六六)、《女のためいき》(六六)、《恍惚のブルース》(六六)のレコードが出揃います。どれも〈トンコ・ブルース〉の発展形として「タタタ・タタタ」の3連ビートをもち、ヨナ抜き長調の、素朴というか〝低俗〟な旋律で、強度に私的な感情をたたきつけるような歌です。

興味深いのは、現代の私たちが「演歌」として聞いているうたの数々が、もともと舶来、または都会調のおしゃれな雰囲気を収めていた〈トンコ・ブルース〉のマトリクスが進化した、いわば〈パワートンコ〉から生じたという点です。それまでにも「和風」を売りにした歌は無数にありましたが、大学出のエリートが運営するレコード業界がジャンルとしての「演歌」を売り出そうとしたとき、その軸となったスタイルが〈パワートンコ〉だったということは、現代日本の心の歴史の一コマとして、記憶に止めておくべきことかと思います。

では混迷の六〇年代を訪ねてみましょう。

第四章　「リキミ&ブルース」の成立

ためいきと恍惚と

一九六六年の六月、ビクターから二人の新人歌手がレコード・デビューしました。一八歳の森進一、そして二五歳の青江三奈です。歌のタイトルは、かなりむきだしでした。《女のためいき》と《恍惚のブルース》。

ビクターのこの路線は、直接的には、四月にクラウンから出た美川憲一《柳ヶ瀬ブルース》のヒットに刺激されたものでしょう。東芝からは一月に、城卓矢の《骨まで愛して》が出ています。どちらもサックスを吹き鳴らし、ギターのエレキ音をそれに絡め、ハイハットが3連のリズムを刻むという編曲で、その点を取り出して言えば、黒人リズム&ブルースにもよくある様式です。オリジナルのバージョンはけっこうテンポが速く、《骨まで愛して》は♩=85、《柳ヶ瀬…》は♩=95で、バックの演奏はかなり〝えぐい〟のですが、ボーカル

```
             ×  ─3─ ─3─ ─3─ ─3─    ─3─ ─3─ ─3─ ─3─
                はなーしわーあしいな  い〜〜〜〜〜〜〜〜〜

ピアノ          ─3─ ─3─ ─3─ ─3─    ─3─ ─3─ ─3─ ─3─

ベース

スネア（刷毛）  ─3─ ─3─ ─3─ ─3─    ─3─ ─3─ ─3─ ─3─
```

譜⑭

は特に肉感的ではありません。

それら先行曲に比べると、ビクターの二人はもっとスローで重くなっています。森の《…ためいき》は♩＝78、青江の《恍惚…》は♩＝74程度。そのスローさに伴って、それまでだったら、レコードにするには"下品"だとして排除されたにちがいない、唸りや息みや震えを帯びた歌唱が、まさに売り物として全面に出てきています。こうした身体表現は、それまでにもいわゆる「浪曲歌謡」などで聞かれましたが、村田英雄や、畠山みどりや、都はるみの歌唱がJの伝統の継承であるのと比べると、森と青江は、私的で直接的、つまり"性的"に響くものでした。

《女のためいき》（吉川静夫＝詞、猪俣公章＝作・編曲）の始まり、「死んでも〜〜〜〜〜〜〜〜おまえを〜〜〜〜〜」の後は、このようなつくり（譜⑭）になっています（この章では3連に割れる長短2音の組み合わせに特に注目するため、♩に代えて特殊な音符表記を用います）。

歌唱もバックも、1拍が3連に割れるところが特徴的です。特にボーカルが伸びるところが、森も青江も、3連符で揺れている。後世の耳には、すごく演歌風に聞こえるこの3連の震え、それはどこから来たのか、この章では歴史を遡って、伝統日本（J）と洋楽（E）とジャズ／ブルース（B）が三つどもえに絡んだ歴史を具体的に見ていきましょう。

「Jブルース」の淵源

第三章で、《東京の人》を例に、吉田正の「都会調歌謡」について説明しました。今も広く知られる《有楽町で逢いましょう》のうたの入りは、

トンコ《あーな》・トンコ《たーを》・タター《まてー》・ター《ばー》、トンコ《あーめ》・タタタ《があふ》・ター《るー》

です。この様式の流行歌を〈ブルース〉の名で広めたのは、前述の通り、戦前期の服部良一でした。淡谷のり子が歌った《別れのブルース》（三七）の一節と並置して、そのリズムどりを示します（譜⑮）。

きょう の で ふ ー ね えーー は
《別れのブルース》
あ な た を まて ば あ め が―ふ る
《有楽町で逢いましょう》

譜⑮

あ ん ま り か わ を に ご す な よ

譜⑯

頻出する♫「トンコ」は、民謡、小唄、軍歌、寮歌、春歌、わらべうたを含む、日本の民衆歌の基本のリズム型です。これは日本語の韻律と絡む問題で、「ほいきたがってん」を「ほいきた・がってん」の2拍でやる代わりに、もっとスローに「ほーい・きーた・がーっ・てん」とやると、それぞれの2音のペアが「トンコ」のリズムをつくるのです。

宮沢賢治の「風の又三郎」に、子供たちが集団で、発破漁に来た人を囃すシーンがありました。一郎君の先導で「あんまり川をにごすなよ、いつでも先生《せんせ》言うでないか」と囃し立てるのです。音符で図解すれば、こんな感じでしょうか（譜⑯）。

♫をなす二つの音の関係は曖昧です。洋風の歌で、♫と表記される付点8分音符と16分音符の関係は、楽理的に言えば、長さの比が3：1になるわけですが、しかし「トンコ」は、しばしば「トンコ・トンコ・タタタ・ター」のように3連の並びをつくるところをみると、どうも背後に3連符的な身体リズムがあるらしい。

これは日本語の韻律そのものに関わる問題でしょう。日本語では、促音（ッ）や撥音（ン）や二重母音の「い」などを中に挟んだ3音が、独特のノリのよさをもっています。

あんた・ちょっと・たって・ないで・こっち・おいで・よ

といった具合。切れ目のそれぞれは、日本語のカナ表記で3音に数えますが（音韻論ではこれを「3モーラ」といいます）、英語的に言えば、どれも2音節。その2音節に、3モーラの日本語をはめて、長短あるいは強弱のセットをつくったもの——これがトンコ節です。英語詩では韻律をつくる強弱の並びを「歩格」という概念で考えますが、それでいうと、日本語の韻文のうちトンコ節のリズムは、トロカイックな歩格（trochaic meter）に対応する、と言えるでしょう。トロカイックは「強弱強弱」の拍取りをいいます。ちなみに英詞では、「弱強弱強」のアイアンビックな歩格（iambic meter）の方が、荘重な感じを出しやすいとされています。

さて、一郎君たちの囃しに合いの手を入れると、

あんまり　かわを　にごすな　よ

となるでしょう。この手打ちのままで踊ると、音頭のようになります。しかし、このビート数を倍にして、「あんまりかわを」とやるとどうなるでしょうか。傍点のところでウッドベースなど入れてみると、ジャズの4ビートのようになりますね？　たぶん服部良一はそう考え、そこに、淡谷のり子を「女王」とする、日本のブルースが誕生したということなのでしょう。

本家アメリカでは同様の「トンコ風」の弾みを「シャッフルビート」と呼びますが、シャッフル（shuffle）とは、もともと足を引きずるステップをいうもので、黒人イメージの強い拍取りでした。ブルースマンのギター・ストロークは、楽譜で表すならまたはとなって、♫の軽い弾みとは違います。

ところで、僕は小学校の合唱部にいたとき「ピョンコはダメ」と教わりました。「ありさんとありさんがこっつんこ」と歌うのであれば、「あっりさんっとあっりさんっ」みたいに、くっきりと弾んで歌いましょう、カエルさんがピョンコピョンコ跳ねるようなのはダメですよ、と。

Eのうたは、足腰を感じさせるのを嫌います。舞踏の曲でも、背筋と足腰がすくっと伸びて、天を目指すようになっています。黒人のように足を摺ったりクロスしたり、田植えをする日本人のように腰を落とすのは、Eの音楽ではあり得ない。ところが、淡谷のり子が「ブルースの女王」であったのは戦前の、まだ日本人の大半が稲作に従事していた時代でした。祭りでは自然とヒョットコの足取りで歩いた、その国民に自然に受け入れられるような、かつオシャレなノリを提供することが、どうしたら可能なのでしょう。

《別れのブルース》の前奏では、木管楽器でボレロ風（?）のリズムパターンが二度繰り返され、これがうたのノリを規定しています（譜⑰）。

譜⑰

この後服部は、淡谷のり子に《雨のブルース》（三八）を提供します。こちらはバックでギターがフィーチャーされ、その洋風な音色がロマンチックな雨だれを連想させるという編曲になっているのですが、そのリズム自体は「ンッタ・タッタ・タター・ンッタ」。どこか小唄っぽいところがあります。これはぜひ検索して聞いてみて下さい。戦前の時代、ジャズ通の作曲家が、黒人由来のシャッフルビートの親しみやすさに目をつけ、日本人にも自然なリズムで、洋楽風に舞い上がれるように仕上げた作品――そう考えると「なるほどね」と合点がいくのではないでしょうか。

その後服部が高峰三枝子に提供した《湖畔の宿》(四〇)も、ほぼ完全に同様のリズムをギターが刻んでいて、サウンド的には洋風ですが、「胸の痛みに耐えかねて」というあたりの拍取りは、《あゝそれなのに》と変わりなく、大衆の腹にも腰にもストンと落ちるつくりになっていることが分かります。そんな〝民衆目線〟が功を奏したのか、戦時中、この歌は替え歌にもなって広まりました。♪「きのう召されたタコ八が、弾丸《たま》に当たって名誉の戦死……」というやつです。

リズム・マトリクス

前章で「マトリクス matrix」という概念を導入しました。この言葉は、さまざまな意味で使われますが、語源的には、mother と同じくラテン語の母(*mater*)に由来し、何かを生み出すための型を意味します。鋳型、母型……母のイメージを重ねて「ふところ」と言い換えることもできそうです。リズムのマトリクスとはどんなものか。それは耳にする音楽に反応し、鼻歌を発し、ステップをふむための「ノリの構造」そのものと言えるでしょう。構造ではあっても生きていて、勢いを増したり衰えたり、いつも変化にさらされている、そういった存在です。

前掲の『ポピュラー音楽の基礎理論』のなかで、ピーター・ファン＝デル＝マーヴェは、マトリクスという概念を、とても広くとらえています。長調・短調・ペンタトニックという調性も、4／4などの拍取りも、テンポが一定だという想定も、それぞれがうたを生み出すマトリクスだというのです。この、きわめて漠然とした概念をうまく役立てながら、話を進めていきましょう。

明治期以来、日本人の「歌のふところ」は急激な欧化の波にさらされて、多様に分化してきました。大正後期の大ヒット《籠の鳥》はヨナ抜き短調で、3／4拍子という拍取りです。戦中期までには長調で明るく弾む《一杯のコーヒーから》や短調のワルツ曲《鈴懸の道》(四二)のような、あからさまに欧風の歌も親しまれていました。

ただ、身体(足腰)と関わるリズム・マトリクスの変化は緩慢です。新たなマトリクスの誕生と見えるものも、実は旧来のものを丈直ししたり継ぎ当てしたりして適用しているものが少なくない——ということを、もう一度、淡谷のり子の《別れのブルース》で確認してみて下さい(譜⑱)。

おど るぶ るー す の
せつ ーな さ ー よ
しか るじゅんさ のこ がう たうちょんこちょんこ

譜⑱

比較に使う「ちょんこ節」は、コロムビアから出ているCD企画『恋し懐かしはやり唄』の解説によれば、「明治一八年頃名古屋の花柳界から流行しはじめた」(南洋二)とのことで、「ちょんこ・ちょんこ」と、そのものズバリの卑猥なうたであるにもかかわらず、昭和まで息長く歌い継がれた、近代日本の陰のヒットナンバーです。

バックは片やジャズバンド、片や三味線で、サウンド・イメージにおいて大きく異なりますが、両者共通のリズム・マトリクスは、「あんたがたどこさ」も「佐渡おけさ」もみんな生み出した日本の、もっとも素朴でベーシックな「腰」のありようです。もちろん、すべて「同じ」として片づけるわけにはいきません。テンポを大きく上げて「阿波踊り」にすると、同じトンコでもずいぶん感じは変わるでしょう。跳ねるような感じを持たせることも、重く引きずるような感じを持たせることも、いろいろ可能で、それぞれ、感覚的には「別物」と感じられるでしょう。

譜面上は同じでも、個々のパフォーマンスの領域に入っていけば、言葉では表せない「違い」がワンサカ存在する——身体的パフォーマンス

	年	メロディ	リズム	作曲	歌
あゝそれなのに	1937	短調ヨナ抜き	トンコ音頭	古賀政男	美ち奴
タバコやの娘	1937	長調(サビにソ♭)	トンコマーチ	鈴木静一	岸井明・平井英子
別れのブルース	1937	短調ソ♯	トンコブルース	服部良一	淡谷のり子
湖畔の宿	1940	短調	トンコブルース	服部良一	高峰三枝子
めんこい仔馬	1940	長調ヨナ抜き	トンコマーチ	仁木他喜雄	二葉あき子ほか
お山の杉の子	1944	長調ヨナ抜き	トンコマーチ	佐々木すぐる	安西愛子ほか
港が見える丘	1947	ブルーな長調(ミ♭)	トンコブルース	東辰三	平野愛子
お富さん	1954	長調ヨナ抜き	トンコ音頭(+ブギ)	渡久地政信	春日八郎
東京の人	1956	短調ソ♯レ♯	トンコブルース	吉田正	三浦洸一
チャンチキおけさ	1957	短調ヨナ抜き	トンコ音頭	長津義司	三波春夫
一丁目一番地	1957	長調	トンコマーチ	宇野誠一郎	黒柳徹子ほか
有楽町で逢いましょう	1957	短調ソ♯	トンコブルース	吉田正	フランク永井
You Are My Destiny	1958	短調(サビにレ♯)	熱唱3連R&B	ポール・アンカ	ポール・アンカ
西銀座駅前	1958	短調ソ♯	ずらしトンコR&B	吉田正	フランク永井
アカシアの雨がやむとき	1960	長調ヨナ抜き	トンコブルース(+ボレロ)	藤原秀行	西田佐知子
雨に咲く花	1960	短調	ずらしトンコR&B	編曲:柳田六合雄	井上ひろし
スーダラ節	1961	長調	トンコ音頭マーチ風	萩原哲晶	クレージー・キャッツ
若いふたり	1962	短調	トンコドドンパ	遠藤実	北原謙二

とは、そういうものではないでしょうか。黒人ブルースマンのギター・ストロークを感じて下さい。同じ「タンタ・タンタ」の強弱歩格《トロカイック・ミーター》であっても、ロバート・ジョンソンのストロークを「トンコ」とは呼びません。音楽は構造だけではない、さまざまな「力」の出会う場でもあるのです（前ページ表参照）。

構造と力

「♪♪」のうたを、拳に力を入れてやるとどうなるか。五・一五事件や二・二六事件に連座した青年将校が歌ったという《青年日本の歌》（三〇、別称《昭和維新の歌》三上卓＝詞・曲）の「義憤に燃えて血潮湧く」というところの拍取りは、こんな感じになったろうと思われます（譜⑲）。

1拍おきに、頭のところが「ターンタ」から「タターン」にひっくり返る。この「タターン」で、握った手に力がこもり、腕は下向きに振り下ろされます。『巨人の星』のテーマソングを覚えている方は、どうぞやってみて下さい。旧制中学の野球の応援などでは、学帽を握った手を振り下ろしながら、大声で力一杯の「タターン・タターン・タターン・タターン」をやったものです（僕が行ったのは新制高校ですが、今でも同窓会では、最後に応援歌を歌わないと収まりません)。

黒人たちのブルースは、やり方が違いました。特に戦後、電気ギターやピアノをバックにギラギラした刺激を売り物にするR&Bや、ピアノを叩きまくるようなブギウギにおいて、シャッフルビートに加わった力は、強い3連拍の連続で、これがブラック・ミュージックのマトリクスとして標準化します(譜⑳)。

譜⑲

譜⑳

ミシシッピー・デルタでフォーク・ブルースを歌っていたマディ・ウォーターズは、戦後の黒人大移動の波に乗って、シカゴに向かい、手にしたエレキギターで、望郷の思いを3連符のストロークに乗せました。新興アリストクラット・レコード(のちのチェス・レコード)から出た《I Feel Like Going Home》(四八)には、黒人ブルース以外にはなかなか見いだしがたい情感と身体性がこもっています。その、ウォーターズが見事に表現した3連のビートは、「おれたち黒人のスタイル」として民族的な意味合いを持っていたに違いありません。この曲の、いわば「むせびの3連符」は、音楽表現としても、黒人たちの「ホーム」を表していたようです。

初期のリズム&ブルースが、民族の表現（B）として押し立てた3連ビートは、さまざまな音楽的ニュアンスを伴いながら、主流ポップ音楽（E）の中に、おずおずと、控えめに、入り込んでいきます。デビュー時のエルヴィス・プレスリーは、これを派手に演じました。「黒人音楽をやる美顔美声の白人」というのが、《ハートブレイク・ホテル》を大ヒットさせた若きエルヴィスの売りだったわけで、その「B」なる表現を、エルヴィスは、間奏の、ギターによる強い3連ビートに合わせて腰を前後に揺するというショッキングな形で示しています。

アメリカの主流ポップにさし込まれた黒い3連拍は、その後どういう経過をたどったか。そして日本に導入されると、どういう反応を引き起こしたか。この点を、時代と社会、特に階級性との関係において考えていくのが本章の目標です。まず、一曲、可能であればぜひ聞いておいてほしい曲があります。佐伯孝夫・吉田正のチームに、寺岡真三の編曲でレコーディングされたフランク永井の《西銀座駅前》（五八）。ボーカルは《有楽町で逢いましょう》と、それほど違いません。「今夜《ミミミ》も《ミ》刺激《ラララ》が《ラ》欲《#ソ》し《#ソ》く《#ソ》っ《ラ》て《シ》」というところもおしゃれな和声短音階。しかしバックが特別です。

前奏でいきなりラッパとスネアドラムが3連をたたき付け、木管のメロディが始まった後も、ピアノとトロンボーンが3連符進行を続ける。5小節目の頭で始まった3連のラッパとドラムは、グググと末広がりに広がって、エレキギターに引き継がれる。そして始まった歌詞が「エーイ・ビー・スィー（ダダダ・ダダダ）、エックス・ワ〜イ、ゼエエッ（ダダダ・ダダダ・ダ）」。今日の私たちの耳に奇異に聞こえるこの様式（スタイル）と力（ダイナミクス）が、新たに開けたロックの時代に適応しようとした日本歌謡界の足掻《あが》きの一例だった――とまでいうのは憚られますが、現実にそんな面もあったかと想像されます。実際アレンジャー寺岡真三は、こうした試行錯誤の中から、3連リズムを控えめかつ高速に運用し、洋楽のバックビートと合わせた〈ドドンパ〉スタイルを編みだし、渡辺マリの《東京ドドンパ娘》（六一）や、フランク永井が戦前のタンゴ曲をカバーした《君恋し》（六一）など、〈ドドンパ〉のリズムのヒット曲を世に放つことになります。

3連符をめぐる音楽実践を歴史的・文化的文脈のなかで捉えられるよう、本章では、かなり大風呂敷を広げることになります。

はじめに、二〇世紀中葉の都市に暮らすアメリカ黒人、一般のアメリカ白人、日本の歌謡曲ファンのそれぞれの平均的リスナーにとって、3連のリズムがどのような意味を帯びていたのかを考える必要があります。一章で扱うには壮大すぎるスコープではありますが、Eに取り込まれたBな要素がJと親和的であったために、五〇年代末から六〇年代にかけての日本のうたに根底的な変化が生じるようすをたどっていきましょう。

ドゥーワップの戦略

アメリカの音楽市場は当時、人種別に分離していましたが、ある種のマイルドな黒人音楽――たとえばドゥーワップの四重唱など――は、かねてから白人市場でも健闘をみせていました。そもそもドゥーワップとは、一九四〇年代に始まった黒人の若者たちのストリート・カルチャーで、Eの歌（ティンパンアレーのヒット曲）に親しんだ彼らが、主にアカペラで、単純な循環コードのハーモニーを響かせるラブソングを歌い出したのが流行のきっかけです。その意味で〈ドゥーワップ〉は、Eに溶け込むBの衝動を具現化した音楽だといえます。一九四八年にオリオールズが吹き込んだ《It's Too Soon to Know》という歌を聴いてみて下さい。そのアレンジは、非常にソフトです。いかにして「黒さ」を包み隠して、お客様を刺激しないか――高級ホテルの黒人従業員のような物腰です。

その後、ロックンロール誕生前夜に、ペンギンズという黒人男声四重唱グループが《アース・エンジェル》（五四）という曲を全米トップ四〇入りさせます。スローな4ビートで、ピアノが循環コード（Ⅰ↓vi↓Ⅳ↓Ⅴ、たとえばC↓Am↓F↓G7）にそって3連符のリズムを刻み、それに合わせてコーラスが「ボン・ボボボ・ボン・ボボボ」とか「ワワワ・ワー」など、3連符を多用したハーモニーを奏でる。このスタイルが、この頃までに、ヒット曲を生み出すマトリクスのようになり始めていたようすがうかがえます。（このパターンは日本の歌謡曲にも収まりがよく、《長崎は今日も雨だった》（六九）を頂点に、ムード歌謡から演歌に至るヒット作を生み続けていきます。）

白黒折衷のこの形式は、Eの市場では、たしなみよく提示されることが重要で、特にその鍵となったのが、強い3連符表現の扱いです。プラターズの《オンリー・ユー》（五五）は、前奏にギターとドラムで「ダダダ・ダダダ・ダダダ・ダダダ・ダン！」という強いビートがきている。そしてその後も、高音のピアノが同じビートを引き継いでいます。しかし歌唱自体は、これとは裏腹に舞い上がっている。流通している映像で、五人のシンガーは笑顔で、視線は上向き、腕を使って流麗なメロディを高く高く上昇させているように感じられます。

この美学に殴り込みをかけた出来事が、《ハートブレイク・ホテル》（五六）をひっさげてのエルヴィス・プレスリーの乱入でした。

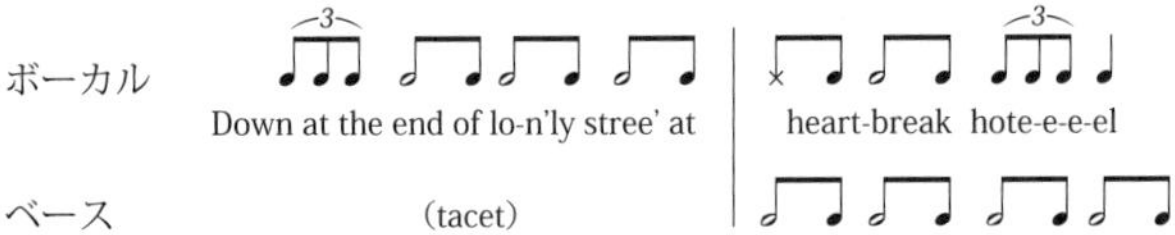
ボーカル
Down at the end of lo-n'ly stree' at
heart-break hote-e-e-el
ベース
(tacet)

譜㉑

エルヴィス登場

一九五六年四月、テレビの「ミルトン・バール・ショー」に出演したエルヴィスが、この曲の間奏のところで、3連ビートに合わせて骨盤を前後させる映像が出回っています。何というか、強烈です。音楽というより、声と肉体のパフォーマンス。バックの演奏も最小限です。アカペラで始まり、3拍目のウラから強烈なリズムギターが2回、3小節目からはシャッフルビートを刻むウッドベースが絡むだけ（譜㉑）。メロディも民謡風で日本人の耳には「お猿のかごやだ」みたいに聞こえたりもする。大手RCAビクターから出た世紀のスターの第一弾ではありますが、いったい誰がこんなうたをエルヴィスにあてがうことができたのでしょう。

曲の形式を見ると、これは〈8《エイト》バー・ブルース〉。白人黒人を問わず、南部の田舎の民謡や俗謡としてごくふつうにあった形式です。作詞作曲にクレジットされているのはエルヴィス自身のほか、メイ・アクストンという、地方のカントリー業界の顔役のような女性、もう一人のトミー・ダーデンは（エルヴィス同様）南部貧農の出身の、スチールギター弾きでした。

	"I'm So Lonesome I Could Cry"	"Heartbreak Hotel"
構成	6ビート × 8小節	3連符×4拍×8小節
リズム（3の扱い）	ワルツ（3拍子）のストローク	4ビート、 それぞれが3連化
コード進行	I　I　I　I7 IV　I　I/V　I	I　I　I/I7　I IV7　IV7　V7　I
和音構成	求心的な主和音の強調	セブンスの不協和音の強調
ボーカルのメロディ	下降、トニック和音（ドミソ）への回帰	短7度と短3度を強調しつつ、尻すぼみに下降する
声の特徴	慎み深い田舎の鼻声	セクシーでワイルドな吐息

ここでカントリー色の強い8バー・ブルース曲であるハンク・ウィリアムズの《アイム・ソー・ロンサム・アイ・クッド・クライ》と、《ハートブレイク・ホテル》を比較対照してみましょう（表参照）。前者は譜面では、3拍子×16小節として扱われますが、3つのストローク2個を1小節として考えると、比較しやすくなります。

こうしてみると、マトリクスは共通なのです。でも、パフォーマンスが逆向き。ワルツ対3連ビート、協和音対セブンスの濁り……。この対照に、アメリカ南部において、互いに背を向けて生きてきた二つの人種集団の思いのありようが映し出されていると思います。全体として北部都会人（E）との分離にこだわる──たとえば、口を大きく開け、舞い上がるように歌ったりしない──南部人の音楽実践において、「白人流」

と「黒人流」とは、互いが互いの反転した鏡像になるように規定されている。プレスリーは、その「黒人流」を擬して、派手にやらかす芸をもって、中央（全米・世界マーケット）に打って出たのでした。

　これが全米チャートで連続八週一位に君臨します。アメリカ人のテイストが変わったのでしょうか？　そうだとは、性急に言えません。二枚目のシングルA面《アイ・ウォント・ユー・アイ・ニード・ユー・アイ・ラブ・ユー》はどうだったか。たしかにエルヴィスの声は、3連符の震えを激しく実践しています。でも、どこかチグハグな感じもします。この歌はAABA32小節の、いかにもティンパンアレー（＝Eテイストのポップ工房）風の歌で、欧風長調のメロディラインが高いキーを目指して歌い上げようとする。テンポも《ハートブレイク・ホテル》の♩＝94に比べ、♩＝78という遅さなので、二分音符ふたつによる［all - my -］のあと、高音域にはりついたまま ha-ha-ha ha-ha-ha heart（）と3つに割れるエルヴィスの声に、黒人ブルースの身体性はあまり感じられません。

　ブラック・ミュージック（の擬態）としてやるなら効果のある唱法でも、ティンパンアレーの作曲家に任せてしまうと、ちょっと惨めな結果になることを、メジャー二弾目のこのパフォーマンスは示していると思いますが、ただ、エルヴィスの勢いはそんな計算違いすら跳ね返すほどで、この曲も一週間だけですが全米第一位となり、日本にもファンは多いようです。考えてみれば、3連符でこんなに――森進一みたいに？――咽《むせ》んだヒット曲は、洋楽史上、例を見ないのではないでしょうか。

ところで、ドゥーワップ人気によって一度高まったかに見えたアメリカン・ポップの3連符志向は、かなり急速に沈静化します。一九五七年のビルボード一位曲の中で、バックのピアノに3連が使われるのは、パット・ブーンによる往年のポップ曲《砂に書いたラブレター》のリメイクのみ。以後、プレスリー自身も3連符系のうたを避けるようになり（五八年の《ドント》のピアノ伴奏は恐る恐る3連を叩いている感じです）、ゴスペル出身のサム・クックが「ソウル歌手」として歌い上げた《ユー・センド・ミー》でも、3連のリズムはベースの4拍目にしか与えられていません。総じていうと、（カントリー出自の曲を別にすれば）全米チャート制覇曲から3連ビートが消えてしまった。あるいは〝白い手〟で抑えつけられた。一九六〇年のパーシー・フェイス楽団による《夏の日の恋》を聴いてみて下さい。ストリング楽団の華麗なムード音楽の中で、バックビートも執拗な3連符も完全に漂白され、波うつメロディにたゆたっている、という感じです。

ポール・アンカ vs 中村八大

一方、イタリアでは、ドゥーワップの感覚を導入したカンツォーネの熱唱が盛り上がりました。五七年にトニー・ダララが吹き込んだ《コメ・プリマ》が翌年にかけて国際的にヒットします。このとき、すでに《ダイアナ》（五七）でE市場を席巻していたポール・アンカが《You Are My Destiny》（五八）を発表しました。R&Bの感覚を吸収した一七歳のシンガーソングライターが熱く歌い上げるこのうたは、ピアノが高音の鍵盤を3連符で叩き続け、華麗なストリングスがバックを舞っています。ゆったりとした四分音符一拍のそれぞれに、You are my… の一語ずつを乗せ、それを「ユーゥ・アーァ・マーィ」という具合に、強弱・長短・高低の違いをもつ二音の連結として表現する。そのメロディは和声短音階。結果的にこの曲は日本の〈トンコ・ブルース〉とイタリアのカンツォーネの掛け合わせのようになっています。

これがヒットしたことに、日本歌謡界が応答してできたのが、永六輔作詞・中村八大作曲による《黒い花びら》（五九）だと考えてよいでしょう。こちらも3連のビートを活用したR&B風の歌謡曲——ですが、アンカの作品と比べると、力学的な違いが顕著です。「ユーゥ・アーァ・マーィ・デー——スティニー」が、最初のラインで思いをいっぺんに解放してしまうとすると、《黒い花びら》は3連のビートを内に溜め込みながら、なかなか発散させず、歌い手も聴き手もふるえ続けるのです。「あの人は帰らぬ——とおい——ゆめ——」と、ボーカルが伸びるところを聴いて下さい。最後の「め」の音程は（楽曲全体が自然短音階であるのに、それに逆らう）ソ#の音です。その宙づり感のなかで、3連のふるえが押し出される。しかも、その後に主和音による解放がこない。次に来るのは、低音の「♪おれはしってる」です。こうして緊張は引き継がれ、息苦しさは強まり、「恋のくるしさ」「恋の切なさ」でさらに内に溜め込まれる思いに、「♪だかーら♪だかーら」が圧力を加える。溜まりに溜まった力は「もう恋なーんか」という音程の山においても解消されず、「♪したくなーいー」でも吐きだしきれず、またまたバックの3連拍によってググと力を引き入れた後、次の、もっと低い「♪したくなーいーの—さ——」でやっと収まりを見るという具合です。

中村が示したかったのは、ブルース（鬱）を表現するなら、胸の奥まで踏み込んで、その動きを音楽的に表現しないと意味がないということではなかったでしょうか。夜の銀座を欧風気分で詠嘆して、どこがブルースなんだと。黒人音楽に通じた作曲家の心意気。それを実現したのが水原弘の歌唱力で、彼の登場によって、日本の流行歌ファンは、胸苦しさを表現するブルースを手にすることになりました。

「J」に落ちるブルース

《黒い花びら》とともに、日本のブルースは真の憂鬱を歌うようになった。その延長に《アカシアの雨がやむとき》(六〇)を置いてみることができます。テンポは♩=88ほどで、スローでなく、さらりとしています。4拍のビートは、「タン・タタタ・タン・タタタ」のように3連化して、ボレロを思わせます。今、驚きとともに気づいたのですが、このメロディ(藤原秀行=曲)、長調ヨナ抜きなのですね。その「素朴な」メロディを、西田佐知子は「きれいな声」では歌いません。楽曲のさらりとした仕上がりの中にも、こみ上げる情念がこぼれ落ちるかのような、生身の身体性を伴う歌い方をしています。

ほんの三年前には、有楽町のティールームを歌っていた日本のブルースが、ここでは雨に打たれて死んでいく自分を前景化して、生々しい情念を歌い込んでいます。この曲が国民的に浸透したのは六三年の映画化を通してのこと。日本歌謡が、ひとつには「怨歌」に向かって、もう一方では、色っぽい「艶歌」に向かって動き出すのが、このあたり(東京オリンピック前夜)のことです。

西田は六四年一月、《東京ブルース》をリリース。これは《アカシアの雨がやむとき》と同じ作者（水木かおる＝詞、藤原秀行＝曲・編曲）による〈トンコ・ブルース〉ですが、「泣いた女」「騙した男」「死ぬまで騙して」などのフレーズがちりばめられています。戦前の淡谷のり子にも《東京ブルース》（三九）という題の曲がありました。題名は同じでも、ふたつのブルースは全然違います。淡谷が歌ったのは「プラネタリウム」と「フランス人形」という、西洋近代に直結した都でした。四半世紀後、西田は、トランペットと電気ギターがヨナ抜きのメロディを奏でるなか、情念の歌詞を吐きだします。「割れてー砕けたー」ときて、「とーきょうブルース」で締めるエンディングは、可憐な味わいは残していても、もっとドスの利いた「怨歌」を予兆しているように感じられます。

当時「三人娘」のひとりとして、中尾ミエや伊東ゆかりと一緒に洋楽ポップスを訳詞で歌っていた園まりですが、彼女の歌声が艶を増していました。イタリア・フランス合作の、エロスの香りがただよう映画『女王蜂』（六三）の主題歌を歌ったあたりからです。《何も云わないで》（六四）は宮川泰作曲、NHKの「きょうの歌」で流れてヒットした折り目正しい歌ですが、そこでも園まりの喉からは艶っぽさがこぼれています。そして六六年早々、《逢いたくて逢いたくて》を発表。おんなの情をしみこませた園の歌唱は〈トンコ・ブルース〉でありながら、すでにトンコの弾みはなく、伸びる声は3連のふるえをなしています。

現在なら「演歌」として括られるこれらの和製ブルースは、少なくとも六〇年代の途中まで、和vs洋の対比の洋の側にあったことを忘れてはなりません。同時代の歌謡曲界で、中軸は美空ひばりが堂々と担っていました。《柔》（六四）はたちまちミリオンセラーを記録しましたが、言うまでもなく、これは、喉の使い方から何から、Jの伝統にしっかり根ざした「ひばり節」です。サビのところ、「奥に生きてる柔の夢が」（関沢新一＝詞）は、［トンコ・トンコ］ではなく、男らしく［トトン・ターン］と力を込め、ブルースへの寄り添いは見せません。明治の柔道家・嘉納治五郎をモデルにしたドラマの主題歌というからには、ひばりならではの小節《こぶし》回しと、このリズム、そして古賀政男によるヨナ抜きのメロディがしっくりくるのは当たり前なのですが、しかしこのひばりのパフォーマンス、当時の歌謡市場全体からすれば、もはや中軸というよりは、少々懐古になびいていたのかもしれません。発売が、オランダ人ヘーシンクに柔道で負けたショックが尾を引く一九六四年末だったことを考え合わせると、このうたにおけるJの堂々ぶりももはや風前の灯火、と懸念した業界人も少なくなかったのではないでしょうか。

実際、一九六六年の年間ベストセラーは、加山雄三の《君といつまでも》にとって代わられます。

《君といつまでも》は、4拍子の3連符ナンバーとも言えますが——『全音歌謡曲大全集』での採譜はそうです——同時に、テンポの速い12／8拍子であるように感じる人も少なくないでしょう。ベースは《君はわが運命》のパターンに乗せていますが、その3連の拍取りは、黒人ブルースや森進一の、地面をひきずるような「タタタ・タタタ」ではなく、むしろイタリア歌謡の《夢見る想い《ノ・ノ・レタ》》（六四）に近い、分散和音の3連符です。メロディを始め、うたの力は終始上向きの方向に働いて、夢と希望を表現している。こういううたが、J（ニッポンのうた心）の中軸に居座ってしまったら、それまで「洋」の雰囲気を保っていたトンコ・3連符系の〈ブルース〉はどうなるでしょう？　和風のうたのマトリクスとして再活用できるでしょうか？

東芝が《君といつまでも》を発売したのが六五年一二月でした。その翌月、同じ東芝が《骨まで愛して》をリリースしています。《柳ヶ瀬ブルース》に先駆けて、ブルースのマトリクスを、腹の据わった和の力学に押し込めた歌。これをプロデュースした川内康範は、この後青江三奈や森進一に多くの詞を提供する、「ネオン街の詩人」ないしは「アウトロー美学の演出家」とも呼びうる人物です。

その川内が脚本を書き、鈴木清順が監督した映画『東京流れ者』の公開が、六六年四月でした。渡哲也の歌う主題歌は、作曲者不明、竹越ひろ子が吹き込んだ歌が有線放送をヒットしたという、いわば流行歌業界の外側から来たうたです。そのつくりが、先の《柳ヶ瀬ブルース》同様、やはり3連のブルース。川内が（川内和子の筆名で）新たに詞をつけた渡のクラウン盤は、トランペットとエレキベース、ハイハット、トロンボーンとエレキギターが定型の持ち場に座って、3連のブルースを支え、それにのって渡が息巻くように歌っています。

非エリート向け大衆市場の興隆

昭和三〇年代に地方の農村から集団就職し、三橋美智也の民謡風や三波春夫の音頭風の歌を口ずさんだ若年労働者層が、その一〇年後、夜の都会の酒場の常連となって、艶歌や怨歌に心を寄せ、休日には高倉健の『日本任俠伝』シリーズ（六四〜）や江波杏子の『女賭博師』シリーズ（六六〜）を見に東映や大映の映画館に入る——というのは、いささか紋切り型の見解ではありますが、この時期の歌謡界の変遷をざっくり捉えてはいると思います。少々学術的に言い換えると、大衆消費社会の膨張にともない、市場を動かす層が、中流上層部からブルーカラーを含む層へ広がった、ということです。そして、それまでの「お高い」基準からすれば「野卑」「低俗」として一蹴されたテイストが、経済原理からして無視できなくなってきた、ということです。

アメリカでは類似した動きが、一九五〇年代なかばには、明確に起ちあがっていました。テレビの浸透、車の浸透、フランチャイズ店の興隆、カーラジオをつけて街を乗り回す、たくさんのポケットマネーを持った若年消費者層……。いや、それだけでは音楽は変わりません。ロックンロールは始まりません。ロックの時代が開けていくには、「E」とは違う「B」の音楽性が磨き上げられ、支持を得ていく環境が必要でした。第二次大戦後、ニューオーリンズ、メンフィスといった南部の都会だけでなく、シカゴやデトロイトに出ていって、夜のライブハウスで腕を磨くブルースのアーティストたち、彼らの演奏をレコードにして売り出そうとする起業家(独立系レーベルの運営者)の尽力、そして世間の偏見に打ち克ってリズム&ブルースを電波に乗せるDJたち――これらの数多くの拠点が線でつながって、ロックンロールを駆動するネットワークができていったのです。

そうした何年もの蓄積が気運を充満させたところに、ひとつの象徴的な出来事が起こると、それを核に連鎖反応を呼んで、社会が様変わりする。革命的変化というものは、そのようにして起こるものでしょう。一九五五年にブレイクした《ロック・アラウンド・ザ・クロック》は、「ロック革命」と呼ばれる二〇世紀最大級の音楽的・社会的変化の「核」となりました。(「核」となるものは、できるだけ単純で、その新しい特徴が初心者にも一発で通じるようなものであることが必要です。)

日本のポップ音楽の場合、大きく違うのは、分離した〝黒い〟マーケットがなかったということです。ニューヨークに対するナッシュヴィルのような、分離した音楽産業の中心もありません。とはいえ、階級によるテイストの分化は、高度成長の時代に進んでいくわけで、その「ロウ」の層、すなわち就職組の若者に刺激を与えるジャンルの形成が求められていました。大手レコード会社も、それは分かっていて、昭和三〇年代から、ふるさと歌謡、浪曲歌謡、お座敷うた、股旅物……と、いろんなテーマでより広い層を取り込む努力はされてきた。とはいえ、飲み屋街に群れるブルーカラー族、中年サラリーマン族を相手にした本音のうたの定型を、業界は提示できずにいました。世界に冠たるトーキョーの盛り場は、それに相応しい、ブルージーなうたのマトリクスをもたなかった。結果、どういうことになったかというと、かつては♪「有楽町で逢いましょう」などとキザなうたを発していた〈トンコ・ブルース〉のマトリクスが繰り返し活用される展開となった。ビートルズにもベンチャーズにもフォークソングにも関心を持たず、やくざ映画とパチンコ店とストリップ小屋を行き来する層が、《アカシアの雨がやむとき》を引き継いだ、バーブ佐竹の《女心の唄》(六四)の系列に流れていくことになるわけです。

森進一と黒人ブルース

いまのお話は、なにも日本に特殊な事例ではありません。自らを中流以下と見なす階層が都市に群れて、本音の音楽を始めるとき、どんな性格をもった音楽が登場しがちか、という問いは、音楽学的に重要だろうと思います。六〇年代の日本でブルースのマトリクスから〈演歌〉が生じたその過程を、何かと比較して理解しようとしたら、何を参照したらよいか。僕は北米のことしか学んでいませんが、ひとつには、戦後のアメリカ南西部の、石油採掘で潤う町の酒場を中心に興隆した〈ホンキートンク〉の音楽スタイルが考えられるでしょう。もうひとつには、やはり戦後のアメリカの工業都市に、南部から移住してきた黒人が集まって盛り上げた〈リズム&ブルース〉の動きが参考になると思います。

つまり森進一を、一方でハンク・ウィリアムズと、もう一方でマディ・ウォーターズと比べ、その類似と相違を分析する、〝比較大衆ソング論〟のようなものが成り立つのではないかということです。その視界にはもちろんエルヴィス・プレスリーも入ってくるでしょう。

周知の通り、プレスリーの功績は、それまでBの世界に囲われていたセクシュアリティを、

C～Eの世界に注入し、その美声と美貌とアクションで多くの女性を夢中にさせ、お行儀のよかったポピュラーソングの世界が、派手なサウンドとパフォーマンスの見世物小屋になる〈ロック〉の時代の基を築きました。彼自身が白い音楽と黒い音楽を混ぜたわけではありませんし、新しい音楽スタイルを創造したわけでもありません。しかし、人種によって音楽経験が区切られていたアメリカで、都会に凝集した黒人たちが酒と踊りのなかで練り上げた甘美にして荒々しい音楽を、音楽的無産階級の若者に身をもって伝えた功績は、誰にも増してエルヴィスにあります。

では森進一は、日本歌謡にとってどのように意義ある存在だといえるでしょう。彼もまた、新しい音楽を生みだしたりはしていません。ですが、都会の夜の世界に群れてくる音楽的無産階級の人々を、これまでにないやり方で揺らしたという点においては、創造的なアーティストだといえそうです。近代日本の影をなす人々が都会に集まり、自分たちのよすがとなる歌を求めたその時に、りきみ・いきみ・うなり・ふるえなど、まともな音楽とは見なされなかった身体表現を、定型のトンコ・ブルースに収め、さんざ使い回されたヨナ抜きメロディを奏でながら、しだいに「演歌」として認識されていくジャンル創成の触媒役を演じた働きは、日本近代文化史上大きいと思います。「文化」とか「音楽」とかいえば、もっぱら西欧由来の学芸を意味していた時代に、その陰にあって森はひたすら濁声をふるわせ、それによって、それまで芸術《アート》とは考えられなかった芸術領域を押し立てたのです。

《花と蝶》(六八)を聴いてみましょう。トランペットとエレキベース、ストリングスとエレキギターを伴奏に絡めた楽曲自体は――黒人ブルースを記譜するとそうなるように――平凡の極みです。しかし彼の歌唱が言葉(川内康範=詞)をまとうと、そこにドキリ、ハラリとさせられる世界ができる。(花と蝶はともかく)花と蜂の絡みを歌うことは、黒人ブルースにおけるエロスの表現としてふつうのことですが、花が散って蝶も死ぬ、その愛と死について、渾身のふるえをもって歌い上げる芸は、歌舞伎や新内を含む日本の伝統芸とも通じあっています。

と同時に、《別れのブルース》の頃はEに近くBから遠かった日本のブルースが、ここにきて、決然とEから離別し、結果として、JとBが接近するということが起きています。イメージはかけ離れていても、黒人ブルースのパフォーマンスの特徴を言葉で記述すると、何点か、森進一の歌唱と共通した点があることに気づかされます。

(1) うなりや濁声の強調――「遠吠えするオオカミ」という名前を持つハウリン・ウルフ

（本名チェスター・バーネット）の声、ご存じなければ聴いてみて下さい。検索するなら《イーヴル Evil》あたりがいいと思います。シカゴのチェス・レコードで一九五四年に録音されたこのうた、出だしがちょっと《ハートブレイク・ホテル》に似ていますね。森進一の息みや咽びも、どうでしょう、Eの規範的な発声から、ハウリン・ウルフくらい離れてはいないでしょうか。

（2）インフレクション――拍から遅れたり、突っ込んで歌ったり、音高を上げたり下げたりしながら、私的な気持を表現する唱法が、ジャズ・ボーカルやブルースの特徴となっていますが、この点、譜面から大幅に逸脱して《おふくろさん》を歌う森進一の屈曲《インフレクション》は、ビリー・ホリディと比べても遜色がありません。

（3）3連パルスの多用――森進一が咽ぶ《望郷》の3連パルスを、マディ・ウォーターズの望郷ソング《I Feel Like Going Home》のギターワークと比べてみて下さい。

こう述べても、しかし、首をかしげる読者が多いことでしょう。森進一とアメリカの黒人音楽との間にはやはり、越えがたい大きな違いがある。何かが、決定的に逆向きです。その何かとは何か。日本の演歌と黒人ブルースとを決定的に分かつもの、それは、リズムやメロディではなく、感情のダイナミクスに求めなくてはなりません。何か、歌う身体とその力学に関わる問題です。

これはとても言葉にしにくい問題ですが、諦めず、次章で一九七〇年代の状況を観察したのち、立ち戻って考えていくことにしましょう。

栄えるリキミ&ブルース

次ページの表はレコード大賞（第一回から第一三回まで）の受賞曲のうち、3連符で記譜されるものを時代順に並べたものです。曲名欄の左寄りに並べたのは、ラテンやカンツォーネに範をとった「欧風熱唱系」、同じく右寄りは「和風ブルース系」の曲です。同じ「和風」でも、西田佐知子の頃は味が薄く、森進一、青江三奈の名が出てくるあたりから濃い味になってくるのがお分かりでしょう。

本章の冒頭に記した《女のためいき》と《恍惚のブルース》に始まる、思い切って胸をふるわし腹をさらし、腰を入れて拳を握りしめる歌唱のありようを〈リキミ＆ブルース〉と呼ぶことにします。表に明らかなように、この力の入った3連符の歌唱スタイルは、森と青江のデビュー後、急速に日本歌謡を盛り上げ、数々の名唱を生みだしています。

欧風 熱唱系 ↔ 和風 ブルース系	歌手	作／編曲	レコード大賞
黒い花びら	水原弘	中村八大／中村八大	1959 大賞
硝子のジョニー	アイ・ジョージ	アイ・ジョージ／北野タダオ	1961 歌唱賞
アカシアの雨がやむとき	西田佐知子	藤原秀行／藤原秀行	1962 特別賞
見上げてごらん夜の星を	坂本九	いずみたく／渋谷毅	1963 作曲賞
夜明けの歌	岸洋子	いずみたく／いずみたく	1964 作詩賞
女心の唄	バーブ佐竹	吉田矢健治／白石十四男	1965 新人賞
君といつまでも	加山雄三	弾厚作／森岡賢一郎	1966 作詩・編曲・特別賞
君こそわが命	水原弘	猪俣公章／猪俣公章	1967 歌唱賞
霧の摩周湖	布施明	平尾昌晃／森岡賢一郎	1967 作曲賞
伊勢佐木町ブルース	青江三奈	鈴木庸一／竹村次郎	1968 歌唱賞
花と蝶	森進一	彩木雅夫／森岡賢一郎	1968 編曲賞
あなたのブルース	矢吹健	藤本卓也／藤本卓也	1968 新人賞
港町ブルース	森進一	猪俣公章／森岡賢一郎	1969 最優秀歌唱賞
人形の家	弘田三枝子	川口真／川口真	1969 歌唱賞
長崎は今日も雨だった	内山田洋とクール・ファイブ	彩木雅夫／森岡賢一郎	1969 新人賞
噂の女	内山田洋とクール・ファイブ	猪俣公章／猪俣公章	1970 歌唱賞
もう恋なのか	にしきのあきら	浜口庫之助／森岡賢一郎	1970 最優秀新人賞
波止場女のブルース	森進一	城美好／森岡賢一郎	1970 歌唱賞
昭和おんなブルース	青江三奈	花礼二／船木謙一	1970 作詩賞
おふくろさん	森進一	猪俣公章／猪俣公章	1971 最優秀歌唱賞
雨がやんだら	朝丘雪路	筒美京平／筒美京平	1971 作曲賞

と同時に、〈リキミ＆ブルース〉のマトリクスが、単に活性化するだけでなく、ヤクザな感じが消えて「立派」になっていく過程も窺えるでしょう。特に森の場合、デビュー二年後に《港町ブルース》を歌う頃までには、流れ者としてではあっても、地方の町々にエールを送る、モラル的にも申し分ない国民歌手になっています。

昭和三年に、欧風歌唱を学んだ藤原義江が、流行歌のレコード第一号《波浮の港》を吹き込んでから森進一の《港町ブルース》が世に出るまでちょうど四〇年、その間、日本の流行歌は、音楽的にも、詩情的にも、社会的にもまるで別物に変わっていました。「流す涙で割る酒は、だました男の味がする」。酒、涙、男女の裏切り——こういう歌はアメリカでも、先に名を挙げたハンク・ウィリアムズかハウリン・ウルフの咽び歌のようなものを探さないとなかなか見つかりません。しかも森進一はそれをクロスジェンダーな「女うた」として歌っている。日本の港の情景を、和歌でも詠むような歌詞で、オペラ風に歌い上げたスタート地点から、昭和日本のレコード歌謡は、ずいぶん遠くへ来たものです。

あるマトリクスの一生

デビュー五年後、森進一は「ニッポンの母」への敬愛を、ふるえる3連符歌唱で歌い上げていました。「あなたの、あなたの」（《おふくろさん》川内康範＝詞）で、ベースとドラムが3のパルスを食い込ませ、抱え込んだ内向きの力を腰に沈めるように、ためをつくり、拍に遅れて「し・ん・じ・つーー〜〜〜〜」と腹の底をさらす。その、横綱の土俵入りからも遠くない（?）和の力学によるパフォーマンスは、土俗的であるどころか、短調のマンドリンによる美しい高音で飾られています。

しかし結果的に、この《おふくろさん》の名唱以後、〈リキミ&ブルース〉は国民を引き寄せる力を弱めていきます。引き続き、3のパルスの行方を追っていくと、一九七二年には、井上陽水が、《傘がない》で若い洋楽ファンの支持を得る。英米で盛り上がったエレクトリック・ブルース（グランド・ファンク・レイルロードの《ハートブレイカー》など）の感覚を吸収した陽水は、スローな3連符を連ねるこの曲で、内からにじむ3連ビートを包み込むようにして歌っています。

翌一九七三年には、3連アルペジオが心にしみる小坂明子の《あなた》が世界歌謡祭グランプリを獲得する一方、レコード大賞の選考では8ビートのドラムスにのせた五木ひろし《夜空》に大賞が与えられ、3連符系が全部門で落選となりました。

〝ニューミュージック〟という新語が聞かれるようになったのはいつのことか、諸説あるようですが、「ポプコン」を主催していたヤマハだけでなく、七〇年代初頭の音楽業界が、フォークやポップの市場を充実させようと奮闘していたことは明白です。一九七四年には、森進一が「コーヒーカップに角砂糖をひとつだったね」とフォークソングの拍取りで歌い《襟裳岬》、岡本おさみ=詞、吉田拓郎=曲、馬飼野俊一=編曲)、バイオリンの音とアルペジオのギターを響かせながらさだまさしは、日本的な《精霊流し》の情景を、浮遊する3連符で歌っていました。

ここで日米にまたがった、ブルースやトンコ節に起源をもつ3連符形式のうたが、どのような軌跡を描いて進展したのか、順を追ってまとめておきましょう。

(1) アメリカの黒人文化圏で、白人風の音楽に意識的に対抗する身体力学が形成され、彼らの発話と音楽のダイナミクスの全体を性格づけていく。それは、シャッフルビートで演奏されるフォーク・ブルースのスタイルに結実し(一九二〇~三〇年代)、第二次大戦後は、強い3連符表現として、都市の享楽音楽であるリズム&ブルースにおいてイディオム化する。

(2) 一九四〇年代白人歌謡に影響されて、都市の路上で始まった黒人のアカペラ・コーラス(ドゥーワップ)は、ポップなレコードになると次第に白人の間に聴衆を広げ、その表現の中に、3連符の唱法や奏法を広げていく。これは一部の欧風ポップソングの中にも3連符奏法のピアノ伴奏を特徴とする曲や、前奏に3連のリズムを使う《慕情》（五五）などのヒットを生じさせる。さらに、デビュー時のエルヴィス・プレスリーが強烈な3連拍の身体性をもってロックンロールの王者に躍り出た。（五〇年代中〜後半）

（3）アメリカ（と、その影響を受けたヨーロッパ）で3連符系のヒット曲が登場したことに、日本の〈トンコ・ブルース〉が敏感に反応し、3連符ビートを多用する編曲がなされるようになった。強い3連符表現は、作曲家中村八大によって《黒い花びら》という重苦しい情念ソングを生み出すに至る。（五〇年代末）

（4）〈トンコ・ブルース〉は、森進一、青江三奈の登場を機に、3連符の身体力学を意識的に押し出す〈リキミ&ブルース〉へとパワーアップする。ちなみに同時代の米英では、〈サイケデリック・ブルース〉と称されるジャンルに、ジャニス・ジョップリンらの絶叫するような3連符歌唱が誕生している。

（5）〈リキミ&ブルース〉は、前川清の歌う《長崎は今日も雨だった》（ドゥーワップ演歌）や、日陰者の悲哀を歌う藤圭子の〝怨歌〟などを生み出しつつ、次第に和のふところに沈降して《おふくろさん》など、日本的な心情を歌い上げるうたに活用される。

（6）その後は、新たにロック経由で入り込んできた洋楽系3連符の応用が、別系統のヒット歌謡を生み出す流れができ、それとの反応において〈リキミ&ブルース〉もさらなる進化の歩みを続ける（これについては、第六章で引き続き検討する）。

第五章　腹に落ちるメロディ――#をめぐる「ソ」の攻防

ショーケンのぼやき――ソに#をつけるなよ

前章では、膨張するとともに階層分化しつつあった六〇年代の日本のポピュラーソングの、和洋対立の〈和〉の側で活性化していったうたのマトリクスについて検討しました。これらのうたは、輪島裕介『創られた「日本の心」神話』(光文社新書、二〇一〇)が綿密な調査によって示したように、六〇年代が終わりに近づく頃にようやく「エンカ」(艶歌、怨歌、演歌)として括られることになります。本章では、同じ時代の〈洋〉の側を見ていこうと思います。すなわち、英米から入ってくるロック系のポップ・サウンドを歓迎して、それに同調していく日本のうたがテーマです。

いつであったか、かなり大昔で出典は忘れましたが、萩原健一が雑誌インタビューで、デビュー時の話をしていました。お寺で練習していた大宮西高のバンドを母体とするザ・テンプターズが、松崎由治（ヨッチン）のオリジナル曲《忘れ得ぬ君》でレコード・デビューしたのが、グループ・サウンズが最盛期を迎えようとする六七年秋のこと。次のオリジナル曲《神様お願い》でザ・タイガースの対抗馬と目されるほど少女たちの熱狂を獲得した彼らに、三枚目のシングルとして、なかにし礼・村井邦彦両先生の手になる《エメラルドの伝説》が手渡されました。♪「湖にきみは身を投げた、花のしずくが落ちるよーにー」という、少女ロマン風の歌詞。曲想もロックを目指す少年たちには滅入ってしまうものであって、花柄のフリルの洋服を着せられた一七歳のショーケンは「ふてくされて」録音したそうです。（でも発売してみればオリコン一位のヒットになってしまう。このころ業界のGS基本イメージ戦略を知るには、タイガース主演の映画『世界はボクらを待っている』のDVDを覗いてみるといいでしょう。ただ、なんというか、濃厚な少女漫画的ですので、それなりのご注意を。）

《エメラルドの伝説》をテンプターズの最初の二枚と比較してみましょう。三曲ともマイナー・コードで始まり終わる、その意味で短調なのだけれど「ソ」が違います。「ソラ」と長2度になるか、ソに#をつけて半音進行にするか。《忘れ得ぬ君》は♪「忘れ得ぬ君ゆーい、え、遠い道をひとーり」、同じく《神様お願い》も♪「かみさま」と「ソラ」の長2度になっているのですが、村井先生の♪「緑の水に口づーけーるー」は「ソ#ラ」のエンディングになっています。おまけに♪「君のひとみの、エメラールドー」のところも半音進行（レ♯ミ）です。

半音進行のヨーロピアンな感じといえば、年長の読者の方にはすぐに通じることでしょう。地中海を舞台にしたアラン・ドロン主演『太陽がいっぱい』（六〇）のテーマ曲。クラウディア・カルディナーレが主演した映画『ブーベの恋人』（六三）のテーマも同様で、こちらはザ・ピーナッツが日本語で歌っていました。

今も聞かれる明治チョコレートのCMソング——ちなみにこれは一九六五年がブラウン管初登場なのだそうですが——出だしの「チョッコレート、チョッコレート」というところが「レ♯ミ」のしらべです。最後の「チョコレートは、め・い・じ」のところが「ソ♯ラ」です。この曲想が、女の子にはウケる、というのが業界の定説になっていたのでしょう。タイガースのレコード・デビュー用に、すぎやまこういち先生が書いた《僕のマリー》（六七）のメロディも、ヨーロピアンな半音の進行を特徴とした歌になっていました。大ヒット曲《モナリザの微笑》のイントロの、電気ハーモニカのしらべにしても同じです。

《エメラルドの伝説》も、少女ロマン風のうたです。ただ村井先生は、ショーケンにロックする自由を与えました。情景描写が終わって、「会いたい《ラソララ》、きみに会いたい《ラララララソラ》ー」と叫ぶところにいくと、この歌は和声短音階の曲想を破って、長2度の〝えぐい〟音程を吐き出す（さらに同じ音程でギターが追い打ちをかける）。うっとりと夢想する世界では「ソ♯ラ」の半音だったものが、シャウトする段になると全音音程に転じる――この現象の背後には、どんな原理（あるいは歴史過程）が潜んでいるのでしょう。

ブラック・ミュージック

英米の若者たちの耳に、長2度上がりの音程がカッコよく響くようになった経緯を述べるには、いささか回り道をしなくてはなりません。というのも、これは厳密にいうと元々「ソラ」ではなく、「シ♭ド」ないし「ミ♭ファ」と表記されるべき音程だからです。

サム&デイブの《ホールド・オン、アイム・カミン》（六六）は、R&Bの骨組みをさらすような楽曲で、Ⅰ度とⅣ度のセブンスコードを行き来するのですが、それに合わせて、ラッパが「ラソミ」と「ミソラ」とも聞こえる旋律を繰り返しています。ただ基底コードを考えるなら、これは「ドシ♭ソ」「ソシ♭ド」と表記されるべきでしょう。

ここで、ブルースやロックにおけるセブンスの感覚を理屈で整理しておきます。サム&デイブの《ホールド・オン、アイム・カミン》のキーはA♭ですが、分かりやすくCに移行して

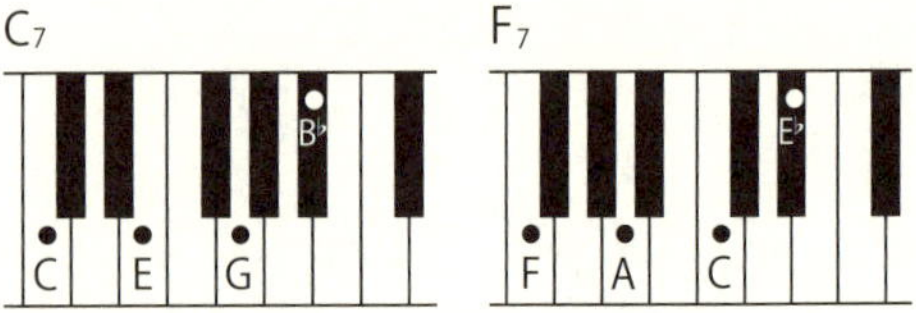

図6

いうと、この曲のリズムギターはC_7とF_7を行き来することになります。C_7は、ドミソにシ♭を加えた音（CEGB♭）。F_7はファラドにミ♭を加えた音（FACE♭）です。そのセブンスの和音の構成する和音の階段を「CB♭G、GB♭C」と上がり下りする、次はそれを4度スライドさせて「FE♭C、CE♭F」と上がり下りする――この、《あんたがたどこさ》と同じ3音テトラコード（45ページ参照）による単純なダンス曲が《ホールド・オン、アイム・カミン》なのですが、とはいえ、この曲、単に単純なだけではありません。そこにはヨーロッパ音楽の澄んだ和音を突っぱねる「濁りの思想」もこもっています。

セブンスのコード（図6）では、ルート音に対して長2度（全音）下がった音が同時に鳴る。このCに対するB♭、Fに対するE♭がどこから来たのかということを、第二章に書き記した過去のモーダルな（「ドレミファソラシド」とは違う）音階に立ち戻って考えるのは無益ではありません。《オールド・ジョー・クラーク》（53ページ）のエンディングは、主音に対して全音低い音を踏み台にしていました。「CDEFGAB♭C」はミクソリディアンなモードです。1度のセブンスでは、そのミクソリディアンな響きがドミソの和音とぶつかっているわけです。これに加えて、第3音をEに替えてE♭にしたものがドリアン・モードです。これらの古い、近代調性音楽から捨て去られた音が、Bのポピュラー音楽では保持されてきた。なぜでしょう。

これはトリッキーな問題です。というのも、アフリカ系アメリカ人の音楽というと、だれもがアフリカのルーツを考えがちだから。しかしポピュラー音楽は、盆踊りやワークソングのようなものではなく、「民族の伝統」が自然に表出するようなものではありません。それは個人やグループが意図を持って実践するものです。「俺たちは白人なんかとは違う音楽をやる」という意志を、北米の黒人たちは、ラテンアメリカの同胞たちにも鼓舞されつつ、ラグタイム、ジャズ、ブルースの演奏にぶつけたのだろうと思います。要するに、Eとの違いを際立たせる音楽を実践した。すなわち

①不協和音の音を交え、その不和自体を楽しむ

②拍取りにおいては、バックビートを採用し、シンコペーションを多用し、拍を食って（ビートがくるより早く、フライング気味に）演奏する

③規範的な音程から逸脱する。ギターの弦を指で押し上げ（チョーキング）あるいはボ

トルネック（その昔はナイフ）を使ってフレットの規制を逃れる。歌唱では伸ばす音を揺すりまくる

ブラック・ミュージックとは、アメリカに生きる黒人たちが、「ホワイト」な音楽から離反を志して練り上げたスタイルであるというのが、いま僕が述べている考えです。BもCもJも、もともとの音楽性に、それほどの違いはなかったのだけれども、Eに対する姿勢がそれぞれ違っていたということです。

私たちJな国民も、明治の時代に強烈な異文化接触を経験したわけですが、黒人たちのようにEに対抗するなどという真似ができるような状況にはありませんでした。世界の覇権国に早く追いつけという掛け声のもと、日本人がとった態度は、アメリカの（一部エリート以外の）黒人の真逆でした。西洋の澄んだ和音に染まろうとして、5音音階の5音をバラし、もともと途中の音だった「ド」を基音にしてヨナ抜き音階を工夫する（あるいは都節の音階を、マイナーコードに合うように「ラ」を基音にして短調ヨナ抜きにまとめ直しました）。そうやって、健気にも、5音しかない音階で、可能なかぎりの欧風音楽を胸に吸い込んだ。これは、音楽に向かう姿勢として、とてもホワイトです。しかしロックをやるとなると、優れたもののお手

本をなぞるという優等生のやり方はうまくありません。

EとBの折衷音楽

ここでアメリカの若者がどのようにしてロックに導かれていったのかという問題を考えてみます。Eはいかにして B に近づいたか。ポピュラー音楽で新しい様式が伝播するには、敷居の低さが必要です。

一九六五年、テンプテーションズという黒人コーラスグループの歌う《マイ・ガール》という歌が、ビルボード誌の第一位を射止めました。「ドーレミソラド」という電気ギターの低い、くっきりとした音が鳴り、4度上がって同じモチーフを繰り返し、もとに戻って、これをずっと繰り返す。やり方としては、(翌年登場する)《ホールド・オン……》と変わらないのですが、テンポもスローだし、不協和音も入らない。「ドーレミソラド」。何と、これはヨナ抜き長調です。

「アイ・ガッ・サンシャ――～イン」というボーカルも、伸ばすところでは黒人歌謡伝統のメリスマ(揺すり)が入りますが、「ソウルフル」といえるほどではありません。メロディの頂点「My girl (my girl, my girl)」のコーラスは「ドソ(ドソ、ミド)」と耳に優しいドミソの和音です。

往年のJの人たちがEの音楽を受け入れる際、敷居を低くするために導入したヨナ抜き音階と同じ音階が、六〇年代アメリカの黒人ポップスに登場したというわけです——Bの音楽をEの音感しかない人たちに受け入れてもらうために。

テンプテーションズが所属していたのは、ベリー・ゴーディという黒人起業家が起こしたモータウンという名のレコード制作会社でした。スモーキー・ロビンソン、シュープリームス、マーヴィン・ゲイ、スティーヴィ・ワンダーらを擁したヒット工房です。後のマイケル・ジャクソンもここから登場します。

ゴーディはワンマン社長で、お抱えのソングライター（ホランド＝ドジャー＝ホランドのチームは有名です）に注文を出し、レコーディング時にはいつも立ち会って、専属ミュージシャン（ファンク・ブラザーズ）の演奏の仕方にも口を挟みました。以前にジャズの世界でならしたテクニシャンが、ちょっとカッコよすぎるテクに走ると、社長のチェックが入ったのです。

「だめだ、だめだ、もっとシンプルにやれ」

Eに逆らっていたBがその突っ張りの姿勢を崩すと、メロディが日本的（Eの調性と民謡音階の折衷であるヨナ抜き音階）になることは、第一章で《Let's Twist Again》とそのパロディ

ハイそれまでョ

青島幸男 作詞
萩原哲晶 作曲

譜㉒

《Let's Ondo Again》を比べてお話ししました。そのとき、《ハイそれまでョ》の例を出して、当時の日本のリスナーが、何をE（いい）と感じ、なにをJ（みっともない）と感じるか、その和洋に分裂した心についても論じました。♪「あなただーけがー」と、典型的な和声短音階のムード歌謡で始めておいて、その気取ったウソッパチを、てやんでえの一発でぶっとばす。♪「てなこと言われてその気になって」「三日《ドド》と《レ》あ《ミ》け《レ》ず《ド》に《ソ》キャ《ラ》バ《ラ》レ《ラ》ー《ラ》へ《ラ》」とやる（譜㉒）。このラップに続けて植木は腰を落とし、ツイストをやりながら、「三日とあけずにキャバレーへ」とやる（譜㉒）。この音程、よろしいでしょうか。

ほとんど同時期に、アメリカから入ってきて、伊東ゆかりが、♪「おしりをピョンと跳ね」という感じで、かわいく歌ったうたがありました。《ロコモーション》（六二）です。「さあさあダンスのニューモードオオ」というそのメロディは、今の植木の歌と、ほぼ同じ（譜㉓）。それが、ここでは、すごく、いい感じになっているのです。これは、これまでのティンパンアレー風ではやっていけないと自覚した

ロコモーション

ジェリー・ゴフィン＆キャロル・キング 作詞 作曲

譜㉓

新興のアルドン・ミュージック社が、若いキャロル・キングとジェリー・ゴフィンのカップルを起用して送り出した、ロック感覚の新しいポップ曲でした。洋盤では一六歳の黒人少女、リトル・エヴァがいいグルーヴで歌っていました。

そんな曲がたくさん書かれ、日本でも「シャボン玉ホリデー」や「ザ・ヒットパレード」等のテレビ番組で、たくさん歌われました。その多くが、♪「あの娘はルィジアナ・ママ、やってきたのはニューオーリン」（漣健児＝訳詞、飯田久彦＝歌、六二）というように、「ラ・ド・レ・ミ・ソ」の5音を上がり下りするメロディになっています。

要するに、EがBを導入した結果、アメリカでもファとシが抜ける傾向が顕著になってきた。伝統のうたを「蔑むべきもの」と腹に包み込み、胸いっぱいに西洋を吸い込んだ近代国家建設期の日本と、伝統のうたの上品さ・子供っぽさに飽きたらず「黒人のワイルドさ・セクシーさ」を享受しようとした後期資本主義突入期のアメリカで、結果的に同じようなメロディが現れたということです。

中村八大が日本的な旋律をジャズ風にアレンジした坂本九の《上を向いて歩こう》が《Sukiyaki》の名で世界的にヒットしたのは、そんなさなかの出来事でした。おずおずと黒人サウンドを手なずけている時期の西洋人のうた心に、スイングする日本のヨナ抜きメロディは、手頃なノリを提供したのでしょう。

ベンチャーズからストーンズへ

白人の中高生がBの音楽性に染まりつつある時期に、その敷居をグッと低くしたのが、単純なサーフ・ロックのインストゥルメンタル曲でした。たとえば一九六三年に全米二位を記録した《ワイプ・アウト》は、ドラム捌きが派手な曲ですが、言ってしまえば、ブルース進行と、ペンタトニックなメロディの練習曲のようです。これを演奏したサファリーズの面々は、まだバンド活動を始めて間もない南カリフォルニアの高校生でした。同様に、ブルース進行を短調で試みた演奏が、シャンテイズの《パイプライン》で、これも同年全米四位を記録しています。

日本には、翌六四年、［ラ・ミ］と［レ・ド］の音程をエレキギターで行き来するアストロノーツの曲が入ってきました。日本ビクターはこれに「ノッテケ、ノッテケ」の詞をつけ、アイドル歌手に歌わせたレコードをリリース。これが大当たりして、エレキサウンドと8ビートの流行を切り開きます。そこへやってきたのが実力者ベンチャーズ。彼らのレパートリーには、高度なテクニックを要求される楽曲もありましたが、基本は《ブルドッグ》《グリーン・オニオンズ》といった、分かりやすいブルース仕立てのナンバーで、いわば「バイエル」か「ソナチネ」の練習曲に当たるような曲を、ベンチャーズほどのテクニシャンが披露したというわけです。一九六五年夏の日本公演はテレビ放映されました。それを見ていたに違いない高校一年生に、大瀧詠一、沢田研二、松崎由治、星勝、高田渡、西岡恭蔵、あがた森魚、井上陽水、谷村新司、前川清などが含まれます。（その二年後、沢田、松崎、星はそれぞれ、タイガース、テンプターズ、モップスを率いて舞台に立っています。）

しかしEだった市場へのBの混入は急でした。六五年夏のヒットチャートには、ローリング・ストーンズの《(アイ・キャント・ゲット・ノー)サティスファクション》など、黒人リズム&ブルースをもろにかぶった曲が登場しています。ファズをかませたノイジーなエレキギターが、「ソ・ラ・シ♭」の3音を執拗に鳴らし続けるなか、ミックのボーカルは、欧風の協和音に嵌まってなるものかという感じで、「シ♭・ソ・ラ」と「ミ♭・ド・レ」とするメロディを叫び続ける。ここでちょっと、初期のローリング・ストーンズにズーム・インしてみましょう。

ローリング・ストーンズの面々はアメリカのリズム&ブルースにいかれたロンドンっ子でした。チャック・ベリーやプレスリーが登場したときミックとキースはまだ一二～三歳という年齢でしたが、イギリスで「ブルース・リバイバル」を牽引していくのがこの世代。彼らのBな姿勢にしびれて、Eとはかけ離れた音楽表現を学習していった子供たちがローリング・ストーンズ、ヤードバーズ、後にはクリーム、レッド・ツェッペリンといったバンドを組んで、ロックの源流がブルースにあることを世界に示すというわけです。

ストーンズのデビュー・アルバム『The Rolling Stones』（六四）は、一曲のオリジナル《テル・ミー》を除いて、みなアメリカの黒人のR&Bのカバー曲でした。なかでもブラックな《アイム・キング・ビー》という曲を聴いてみましょう。

これは西洋音楽からずいぶん遠い音楽実践です。

①ひとつのパターン（2、4打ちのシャッフルビート）を永遠に反復する、チャーリー・ワッツのドラムス

②2拍目でEからオクターブ上のEへ、「ブオン」という感じにグリサンドする、ビ

ル・ワイマンのベース

③1拍目にDの開放弦を弾いてEを抑える長2度上がり（シ♭↓ド）の、キース・リチャーズのギター

④間奏後半にブライアン・ジョーンズがボトルネックでこする、非音階化したノイジーなギター

⑤そして何より、［シ♭・ド・ミ♭］の3音を行き来するミック・ジャガーのボーカルと、それ以上に、音程の概念を宙づりにするかのようなハープ（ブルース・ハーモニカ）の演奏

そんなコアな曲ばかりやっていたストーンズが、人気に火がついて、本国の少年少女に受けるポップなオリジナル曲を書いて演奏することになりました。しかしブルース感覚でやってきた彼らは、本国のティーンズの耳に親しめる曲を書くようになってからも、ただのアイドル・グループと同じことをやるわけにはいきません。

初の全米ナンバーワンになった《サティスファクション》は、永遠反復する強打のドラムスに、ファズで歪めたブルージーなリードギターが絡む、Bな態度がむきだしの曲でしたが、

この、ブラックな姿勢を貫きながらイギリスの大衆層に向き合うなかで、面白いうたが生まれました。

《レディー・ジェーン》（六六、『アフターマス』所収）は、アルペジオのアコースティック・ギターを伴奏に、ダルシマーという古楽器がボーカルの旋律を追いかける美しいバラードですが、そのメロディには長調の終止感がありません。

始まりはDのコードですが、さびの部分を含め全体的に見ればルート音はむしろG。ただそのGの音を「ド」と読まずに「ソ」と読むと（相対音感しかない僕のような人間には）メロディがとりやすい。はじまり（My sweet Lady Jane）は「レレドシソラー」（D）。次はそれを全音下方に押し下げて、Cのコードで「ドドシラファソー」（最後の「ソ」でGに代わる）。どちらのメロディも末尾は長2度上がりです。そして最後の「ソ」の音で鳴るGのコードに終止感はなく、すぐにDに移っていく。調性がはっきりしません。それもそのはず、これはメジャーの和音体系を作らない、「ソラシドレミファソ」のミクソリディアン音階でできているのです。

過去のブリテン島やアイルランド、その他ヨーロッパの多くの国々に住む民衆のうたは、「ドレミファソラシド」と「ラシドレミファソ#ラ」が覇権を握る世界でなかったことはすでにふれました。《レディー・ジェーン》のメロディは、遠い過去に打ち捨てられた不思議なしらべを思わせます。歌詞も、貴婦人にひざまずく騎士に自分をたとえて愛と忠誠を誓うというもので、ダルシマーの音色と長2度の上がりが古めかしいロマンスの香りを醸し出すこの楽曲は、ストーンズらしくないと思われるかもしれませんが、しかし、これもまた、ミックやキースたちが黒人ブルースにいかれたイギリス青年であったことの証しなのです。

忘れ得ぬ音程

大分回り道をしましたが、テンプターズのエピソードに戻ります。リーダー松崎由治は曲を作るにあたってストーンズを真似ようとした。つまり意識的にせよ無意識的にせよ、イギリスのポップ音楽を通して間接的に、アメリカの黒人音楽に影響された日本のうたを作ろうとしたわけです。

《忘れ得ぬ君》の出だしの音の並びは、ちょっとストーンズの《黒くぬれ!》を思わせます。「ノ《ラ》ーノ《シ》ーノ《ド》ーノ《レ》ノ《ド》ーノ《シ》ノ《ラ》」ときて、ここで長2度ずつの上がり「ノ《ソ》ノ《ラ》ノ《シ》」が続く。2節目の締めの「ノノノ」は「ソララ」となる。萩原のハーモニカが始まって、松崎のボーカル——「忘れ得ぬ君ゆーえ、遠い道をひとーり、風が吹きすさーんで、おれを孤独にすーる」。「ソラシ」と「ソララ」の長2度の上がりに、すごく気合いが入っています。舞台で松崎は涙を流し、首を振って涙粒を飛ばしました。

　ここのところ、節を締める長2度の感覚が、ある種素朴な真心を伝えています。萩原のハーモニカが、このソラに、ある懐かしい味を添えています。彼らにその自覚があったのかどうかは知りません。単に英米の最新の流行をかっこよがっていただけかもしれない。にもかかわらず、彼らは、同時に、日本のルーツ・サウンドを吐き出しているのです。

　長2度の音程をのぼって終わる終止感は、日本民族には懐かしいものです。「あそびましょ」がそうだし、「うそついたら、針千本のーます」もそう。それが、ヨナ抜き導入からおかしな話になってきていたのでした。西洋の長調を真似てドで終わらせると、曲の最後に長2度の上がりはありません。短調も、ヨナ抜きにすると、ソの音が消えるので、これもダメ。「ソラ」で終わらすには、西洋のエオリア音階（自然《ナチュラル》なラシドレミファソラ）を採用すればいいのですが、第三章で確認したように、ヨナ抜きの主体だった日本の歌謡曲が洋風短調に移行するときに採り入れたのは、和声重視の「#ソラ」だったのです。

　《叱られて》（73ページ参照）や《雪の降る町を》のような〝芸術的〟例外を除き、近代の日本のうたで、長2度上がりのエンディングは忌み嫌われてきました。ちょっとダジャレめきますが、美空ひばりに「ミソラ」で終わるうたは、ほとんどありません。『美空ひばり名曲全集』（ドレミ楽譜出版社）に収めてある一〇〇曲を見たところ、《裸念仏ぁ岩の上》（六一）の「さんじゅうり《レドレソミソラ》」のところだけが〝ミソラ終わり〟でした。「ソラ」で終わるものは見つかりますが、たいていは江戸情緒を歌うような作品です。

なにしろ豆腐屋さんの「ププー」の音程です。「おてもやん」の「おてー」の音程です。肥溜かつぎみたいに竿をかついでやってきたオッサンの「きんぎょーえ、きんぎょ」の音程です。素人のど自慢で、鐘が二つだけなるときの「トン・テーン」の音程です。今も私たちは、公的な場ではドミソの和音を正しいとする感覚を制度化しています。場内アナウンスに先立つチャイムは「ドミソド」が多いし、玄関のピンポーンは「ミドー」。路地裏の子供たちがまだ「あそびましょ」（ドレレドレ）をやっていたころ、歌謡曲では呼びかけもすでに短3度（ソミ）の♪「おーい中村君」（五八）であったのです。

もちろん意を決して民謡をやる場合は別でした。ひばりの《リンゴ追分》（五二）や、三橋美智也の《達者でナ》（六〇）は伸び伸びと古い日本を解放しています。

一方、ロカビリー歌手のセクシーさを採り入れた平尾昌晃の歌謡界デビュー曲《星は何でも知っている》（津々美洋＝曲、五八）は、♪「ミソラ」を繰り返すベースに乗せて、刺激的な歌詞（生まれて初めての甘いキッスに、胸がふるえて泣いたのを）を口にしますが、その野性の興奮を伝えるメロディは、「シソラ」の全音上がりで終わっています。同じくエオリアンなメロディで野性の感情を吐きだした《黒い花びら》ですら、最後の「したくないのさ」は、「ミミミソミシラ」です。ジャズのセンス良さに溢れたこの歌は、民謡風の「ミソラ」までは解放していません。

日本調のうたも同様で、都はるみがいきんで歌う歌謡曲の、いきみを伴うエンディングも、いつも「ソラド」（《アンコ椿は恋の花》六四）や「ドシラ」（《好きになった人》六八）であったのです。

もちろん日本人が「ソラ」の終止感を失ってしまったわけではありません。そうではなく、あまりにも卑近だった。大手レコード業界の商品にするにはあまりに卑しく身近すぎたのだと思います。演歌の流しは、そんなことにかまいませんでした。一九六四年、伊豆長岡で流しをやっていた宇佐英雄は《長岡ブルース》という自作のうたを歌っていました。これは「ミソラー」で終わる民謡的な演歌でした。のちに岐阜の繁華街に渡った彼は、地名を「柳ヶ瀬」に変更して、そのうたを歌い続けます。これを若き美川憲一がレコーディングしました。♪「夜に泣いている」の「ミソラ」が、かえって新鮮です。

この《柳ヶ瀬ブルース》のヒットが、ビクターを刺激して、二人の新人、《女のためいき》の森進一と、《恍惚のブルース》の青江三奈を売り出すに至った。そのことが日本のうたに、どれほどの収穫をもたらしたかという考えは前章に記しました。

和・洋・黒が混ざり合う

こうしてグループ・サウンズの時代に入ります。スパイダースの《ノー・ノー・ボーイ》(六六)は♪「いってもいいかい」と――ビートルズ《涙の乗車券》♪「she's got a ticket to ride」に倣って(?)――ミ・ソ・ラの三音を並べました。三年後には、ピンキーとキラーズが8ビートのバックにのせた《恋の季節》に、同じメロディラインを用い、これがレコード大賞グループ新人賞に輝いています。

グループ・サウンズが登場したときは、その人気にもかかわらず紅白歌合戦に出してももらえなかったのに、三年後には、彼らが持ち込んだ〝品格に劣る〟音楽様式がプロの手で、顕彰に値するスタイルに変換されている。ここに見られるのは、前章で森進一(と3連符演歌)のステータス変化について観察したのと同じことです。《女のためいき》を総じて下品と見なした国民が、いつのまにかそのスタイルに、日本のうたの美しさを感じている――。

その間に起きたこと、それを、流行歌における「よそゆき」と「ふだん着」の混在として捉えることができると思います。建前（キザ）と本音（ハラ）と言い換えてもいいでしょう。以前は161ページで分析した《ハイそれまでョ》の時代だった。すなわち「あなただ〜けが生きがい〜なの〜」という、よそゆきの思い（Eらしく歌い上げられる）がうたの制度を牛耳っていた、そして、日陰に追いやられていた「ってなこと言われてその気になって」以下の本音は、はしたないものとして唾棄された。その二極への分裂構造を取っ払うものが、海の向こうから、エレキ、ビートルズ、ストーンズ、ソウルという形でやってきたわけです。ただしエレキに乗って運ばれてきたブラック・ミュージックは、ふたつの異なるビートの系譜に分かれていたことに要注意です。

アメリカで戦中から戦後まもなくにかけて、黒人音楽の主流はスイングビートから、「タ**ダダ**タタ**ダダ**」という高速8ビートか、スローなシャッフルビートかという二者択一の体系に移行しました（譜㉔）。シャッフルは、前章で見たとおり、基本に3連のパルスを持っています。

これらビートが「E」の市場に入っていったとき、8ビートの方は比較的自然に採り入れられたけれども、3連符系は「人種」の色合いが強く、レコード会社としてその扱いに慎重

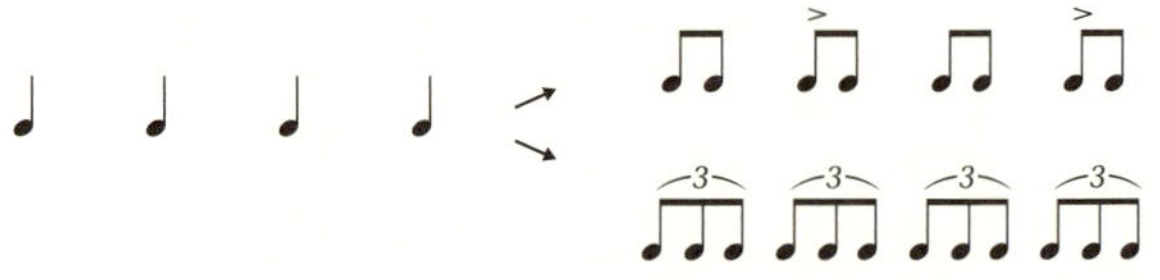

譜㉔

にならざるを得なかった。エルヴィスは、その防衛線を強引に、スキャンダラスに突破することでセンセーションを巻き起こしたけれど、結局アメリカのポップ市場では、高速の8ビートは白人が、スローな3連符は黒人（またはストーンズのようなブラック思考のアーティスト）が担うという、一種の人種的分離状態が継続していきます。

日本ではどうだったでしょう。六〇年代に黒いビート音楽の流入で和と洋が融合したとき、同時に新たな分離が、ビートに沿って、生まれたのではないか。その点に注意を向けることで、〈演歌〉という、日本の日陰の市場が浮上してくる様を描き出せるのではないかという考えを、本書は提示しています。前章で見たとおり、スローでディープなシャッフルに力を込める〈リキミ&ブルース〉は、若年↕中年、進学組↕就職組、表通り↕裏町という対立項の、「陽」ではなく「陰」の側に根を張っていきました。

当時「陽」を象徴していた一人が加山雄三ですが、彼の歌う《君といつまでも》は、3つの拍を、力まず、上に上に押し上げる力学構造を持っています。また、B面の《夜空の星》（「僕のゆくところへ、ついておいでよ……」）も、民謡と同じペンタトニックであっても、軽やかな8ビートがついています。

8ビート歌謡の不発

重量感ある8ビート曲は、洋楽にはたくさんありました。一曲だけ、トミー・ジェイムスとザ・ションデルスの《ハンキー・パンキー》に触れておきましょう。単純なペンタトニックの12バー・ブルースで、やはり一〇代の少年の手になる作品です。作者トミー・ジェイムス（四七年生まれ）は、一二歳でバンドを組み、五年後に、地元の小さなレーベルからレコードを出す。それが、運良く「発見」され再リリースに至って、ビルボードのナンバーワンを射止めました。Ⅰ度に「ラソミソラ」、Ⅳ度に「レドラドレ」の音程をふるメロディは、日本のわらべうたのようにも聞こえますが、Eに背を向けた、直向《ひたむ》きな少年ロックンローラーの、渾身の作といえるものです。

翌六七年、GS真っ盛りの日本で、イントロがこの《ハンキー・パンキー》によく似た歌謡曲が登場しました。中村晃子の《虹色の湖》（小川寛興＝曲）。エレキもドラムスもなかなか派手な8ビート曲ですが、「演奏はアチラ風にして、ボーカルのメロディでは冒険しない」

という戦前以来の流行歌のやり方にしたがっています。すなわち、エレキのイントロや間奏はペンタトニックだけど、ボーカルがサビにくると、和声短音階に変わるのです。

それは「美少女アイドルなんだから、えぐいメロディはほどほどに」という配慮だったのでしょうか。一方で、三〇歳の美空ひばりの《真赤な太陽》（原信夫＝曲、六七）は、堂に入った民謡調のロックでした。もともとジャズにも親しみがあった彼女は、「恋の季節なの」の「の」の音を、ブルーに下げて歌っています。そしてエンディングは「ラソラ」。西洋中心主義のバイアスによって、屈曲していた日本の音階がもとに戻り、長2度アップの音程が、キメのところに生き生きと再登場しています。

ただ《真赤な太陽》の大ヒットも、同型のヒットを誘発するだけの力はありませんでした。もう演歌の時代ではない、と誤解したレコード会社が、和風の歌手を洋装にして8ビートのドラムスにのせた歌謡曲を歌わせたりもしましたが、小林幸子の《若い生命》（六八）も、こまどり姉妹の《恋の風車》（六九）も鳴かず飛ばず。洋楽ヒットにペンタトニックな曲が増えていく一方で、日本の市場はなかなか動かない。ブルー・コメッツも「ラドレミ」「ミレドラ」を繰り返す《青い瞳》（六六）の路線を離れて、短調ヨナ抜きに寄り添った《ブルー・シャトー》をやることでようやく時代の花形になった。ロックのブルージーな感覚を、おそらくもっとも巧く表現できたゴールデン・カップスからして、最大のヒットは短調の《長い髪の少女》というのが、GS時代のJロックの現実だったのです。

この状況が目に見えて動くのは、団塊世代が子をもうけ〝ニューミュージック〟の市場を支えるようになった七〇年代半ばでしょうか。試行錯誤と自然淘汰を経て、日本の若年層が、キャンディーズの《春一番》（七六）やピンク・レディーの《UFO》（七七）で踊る時代が到来します。小泉文夫「歌謡曲の音楽構造」（平凡社ライブラリー『歌謡曲の構造』所収）を援用すれば、「わらべうたが歌謡曲を席巻する」現象ということになるでしょう。和洋分裂のコンプレックスを抱えながら流行歌を口ずさんできた国民が、ロックの時代の国際標準としてのペンタトニック・スケールに慣れてきた、それはまあ、当然のことではあります。その過程がスムーズに進行したと見るか、予想外に抵抗が大きかったと見るかは、判断の分かれるところです。

ひとつ言えるのは、日本の歌謡曲に8ビートやブルース進行の曲が根付かなかったことをもって、「ロックは日本になじまなかった」と言い放つのは性急だろうという点です。ロックとはそもそもなんだったのか。歴史の大きな文脈のなかでそれは、根本的には、Eの文化覇権に対するBの浮上という出来事を意味しています。一九世紀にヨーロッパのブルジョワが固めていったクラシックな音楽のあり方を、演奏法や楽曲のレベルで崩していったのは、まずジャズですが、ジャズの前衛性がほぼ行き詰まったあたりで登場したロックは、貴族社会に出自を持つ「高級な」音楽の体制を、プレスリーやビートルズに群がる大衆の数の力でひっくり返した、言ってしまえば階級転覆的な音楽実践です。ロック〜ブルースという新しいミュージッキング（音楽の仕方）の影響を受けて、日本国民の中にどのような音楽実践が登場したのか、という問題は、裕福な若者層のテイストの問題としてではなく、もっと平民主義的な視点から見ていくべきでしょう。

前章の〈リキミ＆ブルース〉の進化論的分析は、そうした試みの例となることを意図したものです。ここでは、もっと洋楽寄りの音楽を扱います。ギターを手にした若い世代が立ち上げたフォークソングの世界で、本章のテーマである「ソ」の音は、どんな動きをしているのか、覗いてみましょう。

マイナーコードの民族叙情

「わらべうたの音階が浮上した」という言い方が適切であるかどうかはさておき、長2度上がりの「ソラ」のしらべが、ポップソングの抒情のなかへ引き入れられてきた過程を指摘することは可能です。これは歌謡界というより、当時の若者サブカルチャーの中から出てきた動きでした。カルメン・マキの《時には母のない子のように》（寺山修司＝詞、六九）や吉田拓郎の《夏休み》（七一）のエンディングを思い出して下さい。前者は「だまってー、海を見つめていいたい」のところがシ・ソ・ラ。後者は「たんぼのカエルは、もう消えーた。それでも待ってる、夏やすーみ」のところが全部シソラ。「ソ」の音が引き下げられ、和風のしらべと衝突しない、素朴な自然短音階（エオリア音階）になっています。

米欧にやや遅れて、日本でもカウンターカルチャーの動きが始まり、その中で、唐十郎のテント芝居など、土俗的なものがポップな衣裳をまとって浮上してきた時代。大衆レベルでも、たとえば「葛飾柴又」という地名が、ポジティブに表象されるようになる時代でもありました。

寅さんシリーズ第一弾『男はつらいよ』が公開されたのが、一九六九年。そのなかで倍賞千恵子が歌った《さくらのバラード》は、とても澄み切った短調のフォークソングですが、このエンディングで、ちょっと前までは下品に聞こえたかもしれない「ソラ」の抒情が強調されています。

フォーク・グループの赤い鳥が歌った《竹田の子守歌》（七〇）のコード展開を見てみま

しょう。律の旋法をもった5音の民謡です。わかりやすくキーをCにして言うと、まず「ソーラド」の旋律にCの和音をふり「レーレミ」でG_7、「レードラ」でFと、このあたりは長調的な展開ですが、次の「ラードレ」はAmの和音になって、以後長・短のコードが交互します。最後は短調。日本の伝統に根ざした「ラ」の音が、西洋的なラドミの和音にそっと包まれて終わっています。

七〇年代の叙情歌は、この発見を織り込んだものが多いということ。イルカの《なごり雪》(伊勢正三＝詞・曲、七五)のエンディングを思い出して下さい。♪「いま春がきて君は、きれいになった。去年よりずっと、きれいになった」。同じメロディが二回繰り返されますが、長調で引っぱってきて、最後を「きれいになった《ドララドララ》ー」とマイナー・コードで締める。同じ手法は《神田川》(喜多條忠＝詞、南こうせつ＝曲、七三)でも使われています「やさしさがー、こわかった《レレシソラ》」。西洋起源であれ日本起源であれ、とにかく民謡《フォーク》的な「ソラ」の「ラ」が、ギターの「ラドミ」の和音にそっとつつまれて、うたが終わる。等身大の気持を語るメロディに、もはや洋風ともいえない短調の和音を絡ませて。

この方法は、フォーク〜ニューミュージックの興隆期には新鮮だったらしく、ちょっとした流行であったようすがうかがえます。森進一《襟裳岬》は「なにもーない《ドミレドレ》、はるです《レドシド》」と

Can You Celebrate?

小室哲哉 作詞 作曲

譜㉕

明らかな長調で終わる歌ですが、途中の節の終わりは短調で、「もやしはじめているらしい」の「ら《ソ》し《ミ》い《ラ》」は短調の和音に包まれています。一時期斉藤由貴が歌い、アニメのエンディング主題歌としても歌われた《夢の中へ》を井上陽水がヒットさせたのも七三年のこと。この曲のイントロギター、および最後の「ウ《ソ》ウ《シ》ッウ《レ》ー、ウ《ファ》ーウ《ミ》――」のところにも、長調で行って、最後がマイナー・コードで締められています。

共鳴するハートとソウル

それから四半世紀後の未来へタイムスリップして、最初の章で問題提起しておいた安室奈美恵の《Can You Celebrate?》の♪「ラーララ・ララッラーラー」（譜㉕）を分析してみましょう。

「ふたりきりだね、今夜からは、すこし照れるよね」という短調（Em）で始まって長調（G）で終わるフレーズで序の部分が終了すると、Gだった主和音がGmへと転調して、4拍後に「La la la la la la

譜㉖

ー la ー」と「ミーソミソラ、ラーミ」という民謡テトラコード風のスキャットがきます。コードは前の二拍が$E^{\flat}$で、あとの2拍がD。Gmがホームコード（ラドミ）のとき$E^{\flat}$は「ファラド」の和音ですから「ミーソミソラ」は最後の音しか合いません。次の「ラーミミ」を乗せたDも、構成音は「ミソ$^{\#}$シ」ですから最後しかマッチしません。Gm—$E^{\flat}$—Dのコード展開は、それなりの秩序に従っているわけですが、安室のうたが、気ままに日本のテトラコードを昇り降りしているという印象があります。七〇年代フォークが日本的旋律に律儀にコードをふっていたのと比べると、ずいぶん自由です。

それと、「永遠ていう」（ソ$^{\#}$を伴うヨーロッパ的短調）から「言葉なんて知らなかったよね」（長調）へ移るところ（譜㉖）。マイナーとメジャーが、このように交差するところが、小室＝安室節には特徴的に多いように思います。例を挙げると《A Walk in the Park》（九六）の「（短）おもいが（長）とどけば（短）それから（長）こた（短）えが」というところ。「Walk in the Park、ひーとりきーり」のサビの部分はあきらかに長調なのに、最初の節の終わりは「い《ド》ーた《シ》ーの《ラ》ーに《ソ》ーね《ミ》」と短調。この、「とにかく歌ってしまい、あとからコードを飾りにつける」方式が、陽水の《夢の中へ》や、民謡調フォークソングの《竹田の子守歌》あたりから一般化したことを、先ほど示しました。それは、うたを歌うということが、共同体のマトリクスに乗っかることではなく、もっと私的な営みになったことと関係していると思われます。

最初の章で、安室のうたについて、「カラオケで歌うとき、私たちはB（ブラック）なカッコヨサを発散し、E（西洋的）なスイートさの中に収まりながらも、リラックスした自分自身でいられる」と書きました。そんな曲作りのための公式を、過度に単純化して言うと、「Bなリズムに、Jな歌をのせ、Eなコードで飾る」ということになるでしょう。そのうち、JとEとの結びつきの一つのありようが、一九七〇年代初頭の日本の歌謡で制度化した（つまり私たちの心のうたになった）ということが言えそうです。Jな節を〝腹〟を割って素直に歌う。しかし同時に胸にはヨーロッパ的なハーモニーを響かせる。そうやって民族のソウルを、私的なハートと共鳴させる——というやり方です。

第三章から第五章にかけて述べてきたことを、ここでまとめておきましょう。

日本の流行歌はレコード業界主導の時代に入ってから、戦争を間に挟んでおよそ半世紀、腹を割らせない体制が牛耳っていた。Eに惹かれる胸が、土着の腹を無視し、あるいは手懐ける格好で進んできた。うたのボディにおける胸と腹の間に、一種の本国―植民地の関係が（あるいはエリート―庶民の関係が）できていた。そうしたコロニアルな関係が、六〇年代末から七〇年代初頭にかけて、一つには〈リキミ＆ブルース〉の形成に始まる〈演歌〉の成立により、もう一つにはフォークソングのメロディとコードの関係において、少なくとも部分的に解消したことが観察できました。

この現象は、元はといえば日本を舞台にしてではなく、もっと世界的かつ世界史的な規模で起こったことです。地球が帝国主義列強の争いの場に転じていくなかでE―B間の格差が拡大し、Eの音楽が「上位者」の特性を固めていった、その時代から一転して、アメリカのポピュラー音楽では、下位の白人と黒人市場の活性化によって、ロックンロールの様式が浮上し、世界を席巻した。それから一〇年二〇年の時を経て、Jな音楽のありようも変わってきたということです。E―BとJとがみんな絡んで、帝国主義的だった序列を脱していく。Bの浮上によって、Jが「E離れ」していく、その過程は、しかしかなりややこしいので、箇条書きにして整理しておきましょう。

(1) ロックンロールの誕生（五〇年代半ば）。これは、アメリカその他の先進国でティーンエイジャーの音楽市場が膨張し、ポップ・カントリー・R&Bの市場三分体制が一時的にはずれ、R&Bの様式の曲がメインストリームで売れまくった現象である。これを契機にアメリカでもヨーロッパでも、うたにおけるEとBとの合体の動きが活性化し、そのなかで、音階的には日本の民謡と同じく［短3度＋長2度］を積み上げるペンタトニックなメロディが、特にインストゥルメンタルな曲に多く生じるようになる。

(2) それらの〝黒化〟した欧米のうたは、日本語化してテレビでもよく流れ、歌謡界も「ニューリズム」作戦を繰り広げたが、それらに〈うた心〉を変えるほどの浸透力はなかった。時はまだ欧化達成の過程にあり、ヨーロッパ的なイメージを呼び込んで日本を歌う《ウナ・セラ・ディ東京》（ザ・ピーナッツ、六四）の優位は揺るがなかった。

(3) こうした制度に対するカウンターな動きが、ベンチャーズやディランやストーンズを通して音楽に触れ、ギターを手に曲作りを始めた戦後生まれの層から出てくる。彼らは《朝日のあたる家》など、ブルースに影響された二六抜き短調（ラドレミソ）の歌にも親しんでいた。音階的にこれは日本の民謡と同じである。
（4）ロックやブルースの流入に対応して、歌謡界もそれまで疎んじてきた日本的旋律展開（ことに長2度の終止）を解禁する。解禁は《真赤な太陽》や《恋の季節》など、ポップ系の流行歌から始まったが、一九七三年までには、日本の伝統民謡に根ざすしっとりしたメロディの曲が、ヨーロッパ的に美しい和音につつまれて大衆的に享受されていた。

第六章　ロックする日本のうたを目指して

うたが変わる、世界が変わる

「うたは世につれ」というフレーズで「世」の意味するところはふつう「世相」くらいの意味ですが、それを「世界の歴史」に広げて捉えよう、という野心を本書は持っています。

ポピュラー音楽の歴史は、たとえばレコード会社がつくる製品が売れるか売れないか、後世に意義ある影響を残すか残さないかを基準とした、一種の自然淘汰による進化の軌跡にすぎません。しかし「何がその生存を決めるのか」という問題は難しい。大衆相手のポピュラー音楽は保守的なものです。優れた芸術的意匠を理解してくれる批評家の賞賛によって広まっていくというものではありません。

この本では、一般に芸術を構成すると考えられている「技法」や「理論」や「主義」に代えて、〈うたのマトリクス〉という、楽曲の基盤をなす、より無意識的で、非作為的で、その分〝自然〟な存在の進化を語るという方法をとっています。いわば生物の進化において新種が登場し、隆盛し、衰微する過程を語るように、うたの進化を、心の生態（身体感覚も含む）における現象として大きく捉えようとするものです。

その語りは、「近代日本」においては、比較的容易でした。日本固有のもの（J）が外圧（E）に対してどのように適応してきたかという物語を、標準的な文化接触の枠組みで語ることで、だいたいは事足りた。時代・時代のヒット曲に見られるEの要素を抜き出して、それらが、以前の時代からどのように「背伸び」しているかを観察し、またその足下を見て、相変わらず同じマトリクスから生じていることを見ていけばよかったわけです。

しかし世界が「脱近代」を果たすことでE⇕Bの対立が解消（少なくとも変容）します。ロック革命を経て、ビートのついた音楽が圧倒的な主流となった一九七〇年代以降は、ノリの一元化を達成しつつある世界で、いかなる「クールな」様式を、最大多数の日本人が共有する〝保守的〟なマトリクスへ接続するのか、ということが問題になってきます。そこに立ちはだかる障壁として、日本人のすべてを縛っている日本語の韻律、およびそれと協和する音律と向かい合わなくてはなりません。

日本のうたを伝統的に律してきた七五の音律は、どのくらい日本語そのものに埋め込まれたものであり、どのくらい解体・再編成が（ポピュラーなレベルで）可能なものなのか。七〇年代の歌謡界は、このテーマを背負わなくてはならなくなりました。

これは大変な問題です。日本語そのものに内在する、喋りのリズムを動かすことなどできるのか……。「うたう」ことについては音楽学や文学における詩論が、「しゃべる」ことについては言語学の音韻論が、それぞれの知見を与えてくれるでしょうが、両者が交わる領域を、本章は手探りで探っていかなくてはなりません。

まずは日本語の発声単位と考えられている「1音《モーラ》」とビートの単位である「1拍」との関係から考えていきましょう。

喋るリズム、唄うリズム、芸術的に歌うリズム

1拍にいくつの音を込めるか。日本語の伝統的な音と拍の関係に、三つの段階が存在します。

ふるいけや・・・―・かわずとびこむ―みずのおと・・・―

五七五の韻律のもとには、八八八というベースの層があることを、こんなふうに示してみました。

私たちが日常しゃべるのは散文で、それは拍取りができないから散文と言われるのですが、しかし「ピカチュー」とか「オザケン」とか、4音のまとまりを発音するとき、私たちの言葉はある程度〝韻文返り〟しています。「まっくろ・け」「おっぺけ・ぺ」「シッチャカ・メッチャカ」「ほいきた・ガッテン」「東の横浜、西のPL」。どれもみんな調子がいい。「𝄾どれも　みんな𝄾《ア》　調子が　いい」。

この4音1拍の韻律を明確に押し出してしゃべる人が、蝦蟇《がま》の油売り、活動写真の弁士、「演歌の花道」の司会役といった人々です。

今もやっているのかどうか知りませんが、以前は小学校低学年の国語の時間に、教室で一斉に教科書を読んだものです。サン、ハイ！「[1]教　[2]科書　[3]を　[1]読ん　[2]だ　[3]もの　[4]です」——というわけで、みんなでやると2音1拍の調子になる。「[1]教科書を　[2]読んだ　[3]ものです」という、各人が一人で調子をつけて読むときの拍取りから、一段スローなレベルにギアシフトが起こると言っていいでしょう。

「古池や……」の句で、縄跳びや鞠つきをやろうとすると、〈トンコ節〉の弾みが生じます。

「ふーる　いーけ　や　𝄽《ポン》　かー　わーず　とーび　こーむ　みーず　のーぉ　と」。「かーわーず」と頭打ちにするか「𝄾かーわーーず」と「か」を前の小節に出して〝弱起〟にするかは微妙な問題ですが、縄跳びや鞠つきなら、跳ねたりついたりするときの自然な心理から頭打ちになるけれども、一ヵ所に力点を置きたいという気持が働くと「𝄾かわーーず」となるようです。これについては、《花いちもんめ》の二通りの唄い方（37ページ）のところでお話ししました。

お座敷での小唄にしろ、昭和時代の合宿の飲み会で歌われた春歌にしろ、みんなで小皿を叩いてチャンチキやるときはいつもこんな感じ。♪「[1]ドンブリ[2]バッチャ[3]ういた[4]ういた[1]ス[2]テテコ[3]シャン[4]シャン」と、入りのところだけ1拍4音にするなどして、われら日本人は共同体のしらべを響かせてきたのです。

1音1拍というのは、どんな感じでしょう。「古池や……」の句をこれでやるには、頭の中に琵琶の音など響かせて、「ふーるーいいーけーや———」とやるといいですね。「や」は喉を絞った「いやー」で始めて次第にせりあがり、最後に鼓をポンと打つ。これがニッポンの伝統的な見せる芸の響きです。みんなで集って唄うのとちがって、上層階級の芸能は、おそらく国と文化を問わず、演じる人と鑑賞する人とが分かれ、鑑賞する人はお囃子も入れずに黙って鑑賞するという場で行われることが多い。〝芸〟または〝芸術〟と呼ばれるものが、そうした場で育まれていきます。

［さくらー｜さくらー｜やよいの｜そらーは］。［はるこお｜ろおのー｜はなのえ｜んーー〜］。私たちが親しんでいる〝文化価値の高い〟うたは、古来の高尚《ハイソ》な感覚に従っています。

小唄の洋風リノベーション

なんだかんだ言っても、昭和の流行歌は、本質的に「流行小唄」でした。〈小唄〉というのは、この場合、文字通り「小さな唄」、英語でditty と呼ばれる、調子のいい俗謡を指しています。〈小唄〉は、日本語の韻律を合理的に処理するノリを体現したものですから、そう易々とは動かせません。

《あゝそれなのに》（三七）も、《お富さん》（五四）も、モダンめかしたサウンドで、〈小唄〉を売り込む、業界の永続的な努力の成功例でした。そこにラテンやらロックンロールやらの波が押し寄せます。日本の〈小唄〉はどのように保身を図ったでしょう。まずは、ドドンパというリズムが開発されました。

ウッ　**タン**　タカタ　タッタ

強烈な2拍目が、一種のバックビートのようでありながら、白足袋の足が広間の床を鳴らすような、和の感覚を醸し出しています。

《西銀座駅前》(124ページ)でR&Bの3連符を使いまくった編曲家の寺岡真三は、このドドンパを活用して、戦前のヒット曲《君恋し》(六一)を、タンゴの曲想から解放し、大ヒットに結びつけています。しかし《お座敷小唄》(六四)として、あられもない和風の姿をさらしてしまった後のドドンパに、新風を期待するのは厳しいでしょう。

すでに国際標準は、ロックの8ビート。でもそれに、8つのパルスを単位とする日本語詩歌をどのようにのせたらいいのか。

ダークなせびろに　ブーツをはいて
フリフリフリフリ　フリフリフリフリフリ
ザ・スパイダース《フリフリ》、(かまやつひろし=詞・曲、六五)

この日本語の発声リズム、どう感じますか？　音程をブルージーにするくらいでは、いかんともしがたいものを感じてしまいませんか？「日本語でロックができるのか」と、ロック第一世代の日本人はマジに悩みました。「日本語はカッコワルイ」というのは、グループ・サウンズの時代のリスナーの本音であり、実感でした。

六〇年代後半のグループ・サウンズというのは主に、ロックバンドの編成でやるビート歌謡のことですが、その最初の国民的ヒット曲と言うと《ブルー・シャトウ》（ブルー・コメッツ、橋本淳＝詞・井上忠夫＝曲、六七）だったでしょうか。「もりと」（♪♪―♩）ときて休み、「いずみに」（♪♪♪―𝅗𝅥）ときてまた休む。その空白を私たちは、勝手に「ズンドコ」のリズムで埋めたものです。「もり―とンカツ、いずみ―にンニク、か―こンニャク、まれ―てンプラ」。

そんな私たちの俗謡感覚を、ファンキーな感覚でまとめあげるという方向が、日本のロックにもありえた――というか、実際あったわけです。その代表的存在が、いかりや長介率いるザ・ドリフターズ。カントリー＆ウェスタン・バンドとして出発した彼らは、視聴率五〇％を誇ったテレビ番組で、いくつもの日本の俗謡をロック感覚にアレンジして流行らせています。《ズンドコ節》に注目してみましょう。

戦中に別称《海軍小唄》として流行ったうたの替え歌です。本歌は♪「ホームの陰で泣いていた、可愛いあの娘が忘られぬ（ト《4》コ・ズ《1》ンド《2》コズ《3》ンド《4》コ）」というのですが、その「ズンドコズンドコ」というところを、R&B的な旋律で「ズン[1]ズンズン[2]ズンズン[3]ズンズンドッコ[4]ー」と倍速にし、バックもまるでレイ・チャールズの《ホワッド・アイ・セイ》かビートルズもコピーしている初期モータウン曲《マネー》の出だしのように仕立てたのが、川口真編曲のドリフ・バージョン。クレージー・キャッツとドリフターズは、ジャズやカントリーの感覚をいち早く身につけた日本のバンドであって、その音楽実践には、日本語で素直にロックしていくための示唆が満ちています。《スーダラ節》《ハイそれまでョ》のほか、ロックを八木節のビートと融合した《遺憾に存じます》、JとBのサウンドが無理なく一体化した《アッと驚く為五郎》（以上クレージー）、カントリーの間奏が素敵な《誰かさんと誰かさん》、ビバノン・ロックの《いい湯だな》、日本人の1拍4音感覚をストレートに押し出した♪「ほ[1]んと[2]にほんと[3]にほんと[4]にほんとにご[1]苦[2]労[3]さん」（以上ドリフ）などを聴きながら読まれると、僕の話が実に当たり前のものでしかないことがお分かりいただけるかと思います。

要するに、ロックというものを、2拍目4拍目を強調する強烈な8ビートの音楽と理解する限りにおいて、ロックの衝撃は、日本の俗謡感覚にすんなり吸収されてしまうものであるということ。しかしこう言われても、多くの読者は納得しないのではないでしょうか。ロックの8ビートとは、8のパルスにそのまま（オン・ビートで）乗るものなのか。そうではなく、拍を微妙にずらしながらグルーヴを共有するというものではないのか。そのグルーヴにこそ、Eの美学をはねのけて、Bの快楽をつくる、アフリカ系の音楽の正統があるのではないのか。

リキミを抜いた歌謡曲

日本歌謡がロックの波をかぶった当初の反応について、第五章で次の説を述べました。

①そもそもロックの波は、8ビートとシャッフルビートに分かれてやってきた。
②そのうちの強いシャッフルビートを〈トンコ・ブルース〉が受け止めて、〈リキミ&ブルース〉を展開させた。
③8ビート歌謡は、いろいろ試みられたが、美空ひばりのような突出した才能以外、成功例は少なかった。

この「失敗」から業界は何を学び、どんな二の矢を繰り出したのか、ふり返ってみると、グループ・サウンズ現象が沈静化しつつあった六八年、軽い8ビートのドラミングに、シャッフルしない8分音符をソフトに乗せた歌がヒットしています。いしだあゆみの《ブルー・

ライト・ヨコハマ》（橋本淳＝詞、筒美京平＝曲・編曲）です。リズム取りは「ンタタタタタタタ」。これで弾めば完全に小唄ですが、そうはしない。そこはJに転ばない。でも、いしだの発声は、今日の耳には、その容姿に似合わずずいぶん和風に聞こえます。メロディもところどころ和声短音階からヨナ抜きの旋法に移るような動きをする。そんな風にして安心感を与えた上で、小唄のリノベーションを図るという戦略が効を奏しました。

　もとより筒美はヴィレッジ・シンガーズ《バラ色の雲》（六七）やオックスの《スワンの涙》（六八）など、8ビートを使いながら、Jの土俵を踏み出ずにいる実践を重ねていました。日本のメインストリームにあって、その軸をジワジワと、ロック化した米英のメインストリームへ寄せていくという仕事は、当時の若手作曲家に共通する課題であったわけですが、中でも成功例が多いのが筒美の作・編曲です。

　彼の手がけた《17才》（南沙織＝歌、七一）が、カントリー・ポップの《ローズ・ガーデン》（リン・アンダーソン）に範をとっているということはよく言われます。しかし真似をしたのでないことは、その前月にリリースした筒美作品《さらば恋人》（堺正章＝歌）が、後の洋楽ヒット《カリフォルニアの青い空》（アルバート・ハモンド＝曲・歌、七二）のメロディを先取りするようなただったところからも分かります。モータウン曲のようにベースのリフの反復で始まる平山三紀《真夏の出来事》もこの年の筒美作品。翌年には、イントロがウラ拍のグルーヴを醸し出す欧陽菲菲《雨のエアポート》を放っています。郷ひろみや麻丘めぐみといった新人歌手が、《裸のビーナス》（七三）、《わたしの彼は左きき》（七三）など、筒美によるアメリカン風味の歌を、お茶の間に流していたのも同時期のことです。

和風を振り切ろうとするアイドルが登場する一方で、小唄を建て替え、時代にマッチさせるという試みも続きました。

小柳ルミ子の《わたしの城下町》（安井かずみ＝詞、平尾昌晃＝曲、七一）の、「心は燃えてゆく」という終わりのところの作りはすっかり演歌なのですが、そこで演歌のように力をこめないのが小柳の歌唱です。地方都市の懐古的な風情を歌ったこのうたを、「街の灯り」を歌う《ブルー・ライト・ヨコハマ》と比べてみると、昭和三〇年代初頭に三橋美智也のふるさと歌謡がフランク永井の有楽町と作っていた対比が思い出されて興味深いところです。その意味でいうと、いしだあゆみの歌う都会は、リキをこめないクールな歌唱がモダンさのポイント、小柳ルミ子の歌う城下町は、ヨナ抜きのメロディや演歌風の歌唱をさりげなく装うところがポイント、という言い方も成り立つでしょう。

六〇年代の濃厚さが、七〇年代のリラックスへと変化していくというのは、世界的な傾向だったかもしれません。

前年までは《中途半端はやめて》など、ずいぶん濃厚なうたを歌っていた奥村チヨも《終着駅》（千家和也＝詞、浜圭介＝曲、七二）では「おちばのまいちる……」で8分音符を12個連ねたあと、「かなしいおんな……」以下8分音符が21個続くという記録的な無表情ソング。金井克子の《他人の関係》（川口真＝曲・編曲、七三）も同じく、その無表情が印象的でしたが、こちらはペンタトニックな音程に加え、拍取りもロックの時代に合わせている。すなわち、お囃子のリズムが「パンパンパパッパン」と、傍点部分がシンコペートしている。まさに〝新小唄《シンコ》〟という感じです。

Jの腰、Eの腰、Bの腰

日本の剣道と西洋のフェンシングを比べてみましょう。剣で突いたり払ったりする目的は同じなのに、剣道では腰を据えることを教え、フェンシングでは腰を浮かしたままにしておくことを教えます。日本舞踊とバレエの間にも同様の対照が観察されるでしょう。

「腰を入れる」とか「腰を抜かす」とか日本では言いますが、それにあたる「腰」の概念は英語にありません。臀部は buttoks、「腰を痛める」は hurt my back で、身体を支える芯に対しては「背骨 backbone」をイメージし、私たちが身体運動の基底部と考える「腰」は概念化しないのです。

ところで古典クラシック音楽の美学は、腰の不在（否定）をその力学的《ディナーミック》特徴としているとはいえないでしょうか。天上的なバッハの音楽を聴くとき、目を閉じてアリアの快感に身を委ねるとき、私たちの心は鳥のように舞っています。地上にあって、重量のある身体を引き回してはいません。

爪先立ちしてトトトと動くバレリーナは、重力からの解放を希求しています。ヨーロッパでは庶民の踊りにも似たようなところがあります。リバーダンスを踊るアイルランドの庶民は、足を踏みならしはしますが、腰はスクッと高い位置に保たれたまま。《黒田節》を舞う日本の武士のようではありません。

この種の身体文化の相違が、本章で踏み込んだ身体力学の問題に影を落としていることは間違いありません。

ここで問うべきは、Bの腰とは何なのか。日本人が軽々とロックできるようになるためには、沈み込み引き回されるJの腰を、跳梁するBの腰にすげ替えないとだめだ、という想像が成り立ちますが、ではどんな腰を身につければいいのでしょう。

ストーンズのギタリスト、キース・リチャーズが、ウッと腰を落とすあの感じを思い出してください。あれは、妖精的な無重力感を表現するバレリーナの動きと対照的です。ポルカやワルツと違って、ロック（R&B）はヘビーでハードなサウンドを受け止めなくてはなりません。ワルツを踊る場合、ワンからツーへ行くところで身体はふわっと宙に舞った。その天を目指す方向性に、シャッフルビートは背を向けて、地面をすり足で進みますし、強烈な3連ビートは、それを浴びる人を地に這わせるようなところがあります。

もちろんストーンズの魅力は地を這うようなヘビーさにあるわけではありません。ミックは舞台を跳梁し、急に腰を落として指を突き出し、しかしたちまち足を軽快に揺すり始めます。《あんたのバラード》（七七）を歌う世良公則が、「あんたに」で大股に足を広げ、ウンとばかりに腰を入れるあの動きを、ミックはやりません。

マイケル・ジャクソンの腰、ジェイムス・ブラウンの腰、往年のタップダンサー、ビル・ロビンソンの腰——それぞれ独自のブランド品ですが、これらの腰はみな、シンコペーションするリズムによって、その強度と軽快感を保持しています。

特に目立つのは、強いウラ拍。これには、いきなり蹴り上げるような効果があります。ストーンズの〈腰〉の感覚を、《ホンキー・トンク・ウィメン》（六九）で確認してみまし

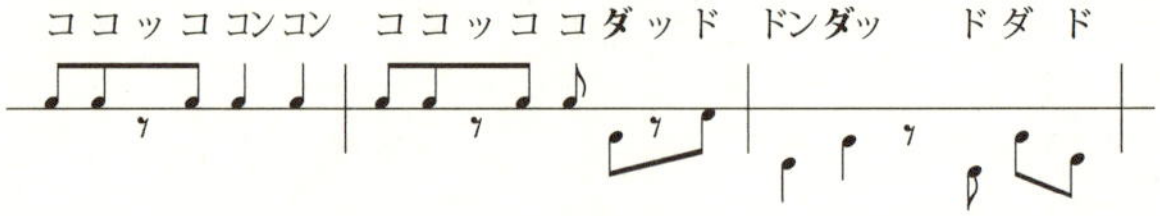

譜㉗

I **met** a 𝄾 **jin-soaked** **bar-room** **queen** in Mem-**phis**
↘ ↘ ↗ ↗ ↗ ↗ ↘ ↗

※↘はオモテ拍、↗はウラ拍、太字は強勢

図7

ょう。この曲は「ココッコ　コンコン｜ココッコ　コ」とカウベルが鳴ってすぐにスネアがウラから入り、タムとバスドラを交えて「𝄾ダッド｜ドンダッ　𝄾ドダド」と続く(譜㉗)。そしてキースのリズムギターは「ジーャーーーン・ジャ・ジャ・ジーャーーン・ジャ・ジャ」と2拍目、3拍目および4拍目のウラを下から上へ掻き上げます。それにミックの、ウラ拍でキックするようなボーカルが重なる。最初のライン、その基本的に弱強のパルスの強拍が、拍のオモテ(↘)にくるのかウラ(↗)にくるのか、感じて、そして考えてみましょう。

図7の歌詞の太字は、ミックの声帯が強い力をふるっているところを表しています。1拍目以外——1拍目には強いバスドラで、それがオモテであることを刻印する——強勢のある音節をオモテではなくウラで歌っている点に注意して下さい。最後の Mem-phis に至っては、辞書どおり

［mémfis］とやらずに［memfis］としてまで、蹴り上げの力学を保っている。この《ホンキー・トンク・ウィメン》という曲は、まるで「Bな拍取り」を教える基礎教材のようなつくりになっています。

アメリカでは一九六七年のモンタレー・ポップ・フェスティヴァルを機に、ヒッピーの文化が大衆化します。奇異な格好と信条をもった若者が、既成社会からの逸脱を謳歌したこの現象は「カウンターカルチャー」という言葉でまとめられます。（ちなみにこれは「対抗文化」というより「逆行文化」と訳すべきではないでしょうか。白人が白人の規範を反転させて、黒人のアクセントでしゃべり、ジャニス・ジョップリンのように黒人顔負けのグルーヴでブルースを歌う歌手をあがめ奉るのは、規範に対抗するというより、逆行する快さをエンジョイするものであった――そう考えた方が、六〇年代が、それ以後の高度消費社会へどのようにつながっていくのかという問題が、少なくとも整理しやすくなるように僕には思えるのです。）

カウンターカルチャーの波が通り過ぎて、七〇年代、シンガーソングライターたちのアコースティックなサウンドがヒットの主流になりますが、いちど学んだウラの拍取りは元に戻りません。キャロル・キングの作品《君の友だち》（You've Got a Friend、七一）は、「じきにわたしがドアをノックする音が聞こえるでしょう」と、やさしく語りかけるうたですが、その語りかけは、ジェイムズ・テイラーにおいてもキャロル自身においても、4拍の規則的なパルスに逆行する拍取りを基本としています。

日本語のハンディ

日本語の音韻体系は、英語とずいぶん違っていますが、その違いについて、十分に認識されているとはいえません。

たとえば日本語のカナ1字はどういう単位なんでしょう。「あ、い、ん、ー」これらを私たちは英語の音節に相当するものと考えて音符を当てています（そのやり方は九〇年代のJ-POPにおいて変わってはきましたが）。

言語学（音韻論）では、日本語のカナが表す「1音」を「1モーラ」と呼んで「音節」と区別します。「東京都」は、音節としてはTo-kyo-toの3つしかないが、5モーラに数える、ということです。英語ネイティブには有用な情報でしょう。そうでないと、「東京都、特許許可局」が五七の韻文をつくるということが、彼らには理解できません。

では「あいしてる」はどうなんでしょうか。これを日本語初習のアメリカ人は5音節にして、Ah-ee-shit-tay-rooと発音しがちです。「あい」は二重母音だよ、と教えると、Eye-shit-

teh-roo の4音節へと向上しますが、まだまだ変。そこで、こんなヒントを与えてみます。
――「あいし」をドイツ語の Eisch のように言ってみよう。「てる」も1音節の tel でいいんだよ。とたんに彼の日本語はサマになってきます。

山上路夫と森田公一がアグネス・チャンに提供したのは、「あーいし・てーる・あいして・なーい」を［］のリズムで歌う歌でした《ひなげしの花》七二）。といっても実際のところ「あーいし」も「あいして」も4モーラの日本語のそれぞれに16分音符を当てて歌ったのではありません。

万葉集以来千数百年にわたって「愛してる」を5に数え、そうした音韻感覚にしたがってうたを歌ってきた日本民族が、それとは違う音韻体系のポップソングを立ち上げる。これは容易な作業ではないように思われますが、それをやってのけたのが、七〇年代のJ－POPなのです。

ロックでポップなコミュニケーション

日本語でロックするために、日本語そのものの整形手術を考えていたのが、大瀧詠一や細野晴臣を擁した日本の草分けロックバンド、はっぴいえんどです。

『風街ろまん』（七一）に入っている《颱風《たいふう》》の出だしの歌詞は「あたりはにわかにかき曇り」と、8音に5音を連ねる伝統的な韻文ですが、大瀧は、

［あたりはにー・わかーにかー・きくーもりー］

と歌っています。この異様な切断によって、英語のような日本語が生まれるのは確かでしょう。

Utterly a knee　what kind'a car　keep cool Molly
アタリアニー　ワッカインダカー　キー、クー、モリー

と歌っているみたいな。

ロッキード事件が話題だったころに細野が放った《ブラック・ピーナッツ》は「貧乏にゃバイよ」「たまにゃ来いよ」という歌詞を2拍に扱い、［bin bo nya bai yo］（）とカリブのダンスが踊れそうなリズムで発声していました。日本語とロックの乖離がとても大きく感じられていた時代、日本語を叩いたり伸ばしたりして、可塑性の限界を試すようなその種の実験は、それはそれとして有意義だったと思いますが、そうした努力が日本のうたを動かすかというと、答えはどうも否定的です。

野球場に群れた大衆を、ロックビートに乗せて踊らせたキャンディーズ。その《春一番》

（七六）の拍取りを、ここで確認しておきましょう。

かぜ✓っが✓ーふいて　あた✓った✓ーかさを　はこんできました✓

チェックを入れたところがウラ拍です。歴史をたどれば、黒人たちが、白人的な韻律世界との違いを打ち出すために、歌唱においても喋りにおいても定着させていったスタイル。それがストーンズやキャロル・キングを通して国際標準になり、その標準に合わせて、穂口雄右先生が書き、スーちゃん、ランちゃん、ミキちゃんが歌ったこの拍「かぜっがーふいて」「」は、しかしロックではありません。その証拠に、「がー」と伸びる、前倒しされた3拍目を、蹴り上げるようでなく、まろやかに着地させるように、末広がりに歌っている。これはやはり態度として、ロックではありません。

この頃、日本の子供たちを強いビート音楽で踊らせていたのが、都倉俊一作・編曲のピンク・レディーのヒットナンバーでした。

《渚のシンドバッド》（七七）の入りの、その気になればセクシーにも聞こえる「アーアアンアー」は1／4拍ほど拍を食って、フライング気味にスタートするというロックの唱法に依っています。次作《カルメン'77》は1拍4音のしゃべり拍で、「わたしの・なまえは」とやらずに「わたしの・なまえ・わー」と、やはり最後の音節をシンコペートさせている。このシンコペーション・パターンは、イントロのラッパでは、しっかり実現されていますが、ミーとケイの日本語歌唱は、下から突き上げるようではありません。「カルメンでっす」の「カルメン」も丁寧に歌って「メン」が1音になっていません。

繰り返して確認しますが、ロックはBなる音楽として、上流志向のヨーロッパ音楽に逆らい、

①ノイジーでワイルドなサウンドと、

②ペンタトニックなメロディと、

③サプライズに満ちたビートのずらし

を確立し、伝播させていった音楽実践です。七〇年代半ばまでにそれは、刺激性を減じて様式化しつつ、グローバルな覇権を握りつつありました。キャンディーズやピンク・レディーが抱え込んだ「Bのような音楽」は、そうした新しい規範への順応としてあり、保守的な制度への反発を表してはいなかった。(あの肌の露出とスパンコール、そして「アーアアンアー」の挑発性はありましたが、それはしかし、音楽論とは別の地平で考えるべき問題でしょう。)

文明論的にみれば、ピンク・レディーも（もはや態度として黒くない）ロックをごくふつうの日本語歌唱にならして取り込んだユニットだったというべきでしょう。それでも彼らは、日本のうたが大きく動く激動の時代にあって、元はといえばブラックだったうたを歌い踊り、それによって私たちJな国民のうた心をさらに動かしたことは間違いありません。

リキミ&ブルースの保身・転身

第四章では、ロック革命の衝撃を受けて日本のブルースが重く沈み、発声が3連符化していく過程を追いましたが、ここで、その重みを、「さりげなく」「ナチュラルに」解消していった七〇年代の動きを追っていきたいと思います。

森進一がリキミを殺いで、フォークソング感覚の《襟裳岬》（七三）に挑んだことにはすでに触れました。その二年後、都はるみも《北の宿から》（阿久悠＝詞、小林亜星＝曲）で、語り調子のうたに挑戦しています。このうたは、〈リキミ&ブルース〉と同じマトリクスで、3のパルスはきているのですが、「あなたかわりはないですか」は、それに乗らずに、いなしながら歌っています。そしてサビの部分のリズムは、譜㉘に見るように、イタリア・カンツォーネに力学的な範をとった《霧の摩周湖》のような、朗々としたものになっています。

譜㉘

たしかに重なりますね。とはいえ違いは明らかでしょう。《霧の摩周湖》（上段の歌詞）は、4拍目で吸い込むエネルギーを、次の、強いアタックの1拍目で思い切り吐きだすように歌われます。メロディの輪郭も、ミ↓ミ↓ファ↓ソと上昇していき、「さえも」を歌いきったあと、体からエネルギーが抜けている。これに対してノドを絞った状態で発声に入るはるみ節（下段の歌詞）では、下から隆起する力が放出されないまま感情をふるわせます。

「おんな――」伸びていく声の、中ほどから後半が膨らむ点に注目しましょう。下から押し上げるような力がここには顕著です。それはビートとは別物の、「サージ surge」とも称するべきうねりです。

それは押し上げる力ですが、押し上げたものは内に引き戻される。その点が、〈波うつ〉ように歌う演歌と〈叩く〉ように歌うロックとの重要な違いです。《北の宿から》では、メロディの波頭が、小節ごとにド↓ド↓レ↓ドと進行し、次に「あなた――こいしい――」で、さらにミ↓ファと上昇しますが、そこで砕けることなく（カタルシスを求めずに）、平穏さの中に回収されます。

こみ上げてくるものを砕くのでなく、ふたたび鎮めて（沈めて）いく。その自然の波を模したような保守性（安定の希求）に、演歌の〝正しさ〟があるのでしょう。

次に《津軽海峡・冬景色》（七七）ですが、これは日本詩歌の絶対伝統だった七五や五七の韻律を崩して、三三三三に高速化し、そのそれぞれに3連符をあてるという処理を施したうたです（阿久悠＝詞、三木たかし＝曲）。切羽詰まった思いを伝えるのに、これは適したやり方だといえるでしょう。六〇年代的な園まりの歌唱（《逢いたくて逢いたくて》岩谷時子＝詞、宮川泰＝曲）と比べてみると、これだけ速い。

あーい　しーた　ひとー　ーーは　あーな　たあだ　けーー
うえの　はつの　やこう　れっしゃ　おりた　ときか　らーー

このうたの3のパルスを、突飛なようですが、トム・ジョーンズの《デライラ》（Delilah、六八）と比べてみます（図8）。

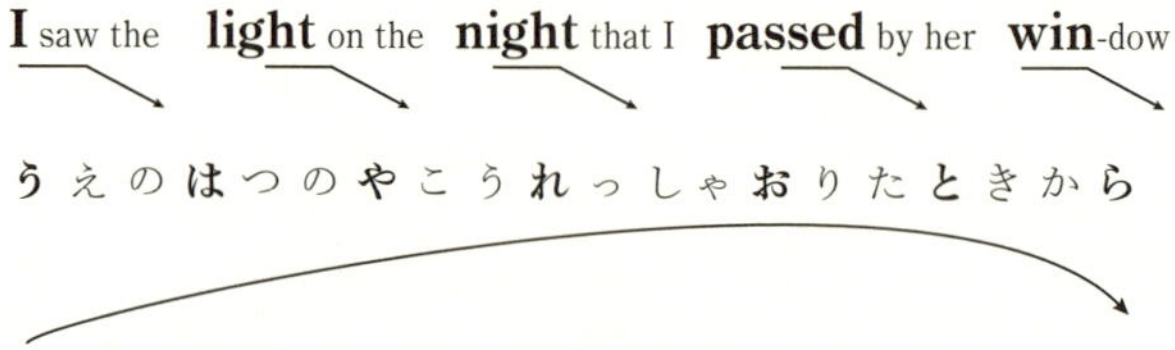
I saw the light on the night that I passed by her win-dow
うえのはつのやこうれっしゃおりたときから

図8

欧風ワルツの力学で歌われるトム・ジョーンズの歌は、1拍目で受けた力を、2拍目・3拍目で外に抜いていきます。このポンプ⇕ガス抜き的な歌唱に比べて、石川さゆりのそれは「波」であるようです。3連符のリズムはここでは日本語の喋りの拍と自然に絡んで、力を溜めていかない。でも波は高い。「こごえそうなカモメ見つめ」でいちど頂点に対した波は、身体内部におししずめられ、ふたたび「つがる」のあとの「かいきょう」で、崩れそうになるけれども持ちこたえ、「ふーゆげーしーき」で震える体に正しく収められることになります。

一方の《デライラ》は、不実な恋人を撃ち殺した男の、(「許せ」とはいいつつも、悔悟はしない)プライドに満ちた歌であり、最後に“I just couldn't take anymore——”と忍従の拒絶を歌い上げます。受け止めることを拒むこの歌い手は、メロディの波動を引きちぎるように、(銃の発射にも似た)カタストロフィーをもって歌を終える。一方の石川は演歌の規範に従順に、歌詞においても、情感の抑揚においても、take する(受け止める)ことが原理であるようなうたを歌っています。

「風の音が胸をゆする 泣けとばかりに、あーあー」。海峡の寒風が身にしみると同時に、歌の力も体に溜まり、身を揺らします。

《津軽海峡・冬景色》は、七五の伝統を破って「うえの・はつの……」と3音ずつ音を配していますが、これはトンコの弾みを避けるとともに、私的な胸のうちが滑らかに出てくるようにする戦略なのでしょう。一方、八代亜紀の《舟歌》（七九）は、1拍4音のスピードで思いを詰め込むうたになっています。しかしこちらは〈リキミ&ブルース〉とは別系統のマトリクスから生じました。そちらを探索してみましょう。

快速4連の日本語モーラ

バンジョーなどの楽器で「トンツク・トコツク・トンツク・トコツク」とやるとカントリーな味わいが出ます。軽い弾みがほしいポップ曲ではよく［］を活用しますが、これを導入した日本のうたに吉田拓郎の《結婚しようよ》（七二）があります。「ウンタッ・タカタカ・ウンタッ・タカタカ」の4拍目の「タカタカ」から「ぼくのか」と入って1拍目の「みーがー」につなぐ、「僕の髪が」。この日本語の扱いは斬新でした。

1拍4音の〈しゃべり拍〉を活用することで、歌い込まない、演じない、さらりとした真実味があふれ出る。この発見を歌謡界に持ち込んだのは、フォーク系の人たちです。南こうせつ作曲の《神田川》（七三）の「わすれたかしら」がそうですし、イルカの歌う《なごり雪》（七四）の「（東）京でみるゆきは」がそうです。斬新だった奥村チヨの「おちばのまいちる」の1小節8音が、あっという間に倍速の拍取りに変わってしまった。それを可能にしたのは、上流社会の芸事からも、共同体のノリからも解放された、口語日本語の喋りの復権でした。まるで「言文一致」ならぬ「言唱一致」の運動が起こったみたいに。

そこには歌謡曲の受容の場の変化という問題も絡んでいます。六〇年代（少なくともその前半くらいまで）の歌謡曲は、街（共同体の空間）に流れる歌でした。漁港で昼飯を広げる漁師の耳にもラジオのお昼の歌謡番組が拡声器で届いていた。子供が遊ぶ路地裏にも、誰かの家のラジオが聞こえた。それが、深夜放送の時代に入って、歌手と受け手の関係に変化が生じます。コミュニケーションが私的な快感を大事にするものへと変わっていきます。

ロックの波が引いて、ポップ界に一種の落ち着きが訪れた一九七七年、「ウンタカ・タカタカ・タン」で始まる、カントリーの拍取りによるロック曲が世界を席巻しました。イーグルスの《ホテル・カリフォルニア》。この曲はしかし、二発の強いバスドラに焚きつけられると、いっぺんに情熱の階段を上っていきます。二台のリードギターが短調のメロディを激しく燃やし、絶頂部ではギターとエレベが16分音符のすべてを［ドドド・ドドド・ドドド・ドドド・ドッドー］と3の力学で弾く。

翌年暮れ、山口百恵が二〇歳の誕生日を前に、記念のアルバムをリリースしました。A面の最後を飾るのは阿木燿子、宇崎竜童による《曼珠沙華》で、これはアコースティックなギターのマイナーなコードで始まりますが、サビになるとバスドラ二発を皮切りに、ロック編成の盛り上げになります。終盤のリードギターとドラミングの絡みは「《ホテル・カリフォルニア》並み」というのは憚られますが、このままイーグルスに突き進んでよいのであれば突き進んでしまいそうな勢いがあります。

同年に出た――こちらは在野のソングライター七澤公典の作品ですが――北島三郎の《与作》（池多孝春＝編曲）は、和風めかしたサウンドながら（よく聞くとラテンの楽器が多く使われています）、スローな4拍子（♩＝68）の背後に［ダンダン・タタタタ・ダンダン・タタタタ］の拍取りは生きていて、ときどき4拍目の［タタタタ］が迫り上がって表出します。

同じ拍取りで、テンポを♩＝82まで上げ、一拍4音のしゃべり拍を導入したのが八代亜紀の《舟唄》（阿久悠＝詞、浜圭介＝曲、七九）です。装いが演歌だからといって騙されてはいけません。これらの歌の背骨を作る［トンツクトコトコ］は《ホテル・カリフォルニア》に似ています。同一のマトリクスから来ているのかどうかは問題ではありません。問題は、「うたーい・だすのさ」の拍取りが日本語にハマルところ、力を入れてもリキミを解いてくれるところ、そこが大事なのです。酔うほどに思いを発散してくれる。そして、この1拍4音の日本歌謡は、なんと堂々としていることでしょう。

「1拍4音」と言いましたが、これを音律的にどのように捉えたらいいのでしょう。「16分音符4つ」でいいのでしょうか？　これは先ほど、アグネス・チャンの「愛して・る」に関して考えたのと同じ問題です。「おさけは・ぬるめの」と歌うとき、私たちは「♩♩」の4分音符のそれぞれに4モーラの日本語をあてているだけで、その4がどのように配分されているかは考えません。口語の日本語の喋りというものはそういうもので、そこが強弱の歩格を刻む英語の韻律とは違うところなのです。日本語のモーラは、そもそも歩行のリズムとは関連せず、したがって歩格を作らない。舌先の滑りに過ぎない。そう言って構わないのではないでしょうか。

《曼珠沙華》や《舟唄》は、日本語の本性《ネイチャー》に沿った拍取りで歌われ、両者共通のリズム・マトリクスは八〇年代も古びませんでした。ここで《天城越え》（吉岡治＝詞、弦哲也＝曲、八六）を改めて聞いてみましょう。サウンドもイメージづくりも断固和風のこの歌は、実のところかなり堂々としたロックです。イーグルスがロックをカントリーに着地させたのと同様な意味で、ロックを演歌に着床させたナンバーといえそうです。1拍4音の自然さでさらりと「あなたを・ころして・𝄽・いいです・か」言ってのける石川さゆりに、もはや忍従の力学はありません。強いドラミングと泣きのリードギターに誘われ、下腹に力を込めた「浄蓮の、滝」で踏み上がると、サビでは「もどれなくてもいいの」と反社会的な思いを口にし、「あなたと越えたい」と愛欲を燃やし、和服の身を反らせて、腕を差し上げ、テレビの前の国民を引き込む「あまぎーごーえー」を炸裂させる。その快感は現在もなお、健在であると見えます。

ロックンロールする日本語

一歩引き下がって、さらに大きな図柄を描いてみましょう。ロックという強い身体性を帯びた音楽に適応する過程で、日本のうたが次のような動きをとったことはすでに触れました。

(1)ペンタトニックな8ビート歌謡を送り出したが、成功例は、ブルー・コメッツや美空ひばりなどの少数例に留まった。

（2）その一方で、3連符のブルースとの交わりは六〇年代末～七〇年代初頭にかけて〈リキミ＆ブルース〉の繁栄をもたらした。
（3）フォークにおいて発見した4連符の語りかけが、七〇年代末からの、演歌スタイルの熱唱ソングの隆盛をもたらした。

しかしロックンロール自体の移入についてはどうだったでしょう。チャック・ベリーが完成させたポップなブルース形式のスタイルは、ビーチ・ボーイズやビートルズのヒット曲の基となっています。その形式は、日本ではダメだったのか？

日本語のロックンロールといえば、矢沢永吉やジョニー大倉の名が挙がります。ふたりで作った初期キャロルの《ファンキー・モンキー・ベイビー》（七三）はどんな曲だったでしょう。♪「きみはファンキー・モンキー・ベイビー」、ここは軽快です。8分音符一つに「ファン・キー・モン・キー・ベイ・ビー」と、2モーラずつ乗っている。ただ次に行くと「，だけどこーいーしーいー」。現代の耳からすると、ちょっと音数が足りません。「おれのかのじょ」も1モーラを1音節に扱っていて、正直かったるい——そこに英語で、“I'm gonna make her mine”とか入れればバッチリなのに。

数年の時が下って、七〇年代末には、語るようにリアルに歌う、1拍4音の制度が起ちあがってきました。さだまさし《関白宣言》（七九）の拍取りは、こんな具合です（譜㉙）。

1	2	3	4	1	2	3	4
𝄽	𝄽	𝄾おれ	よりさき	に	𝄽	𝄾ねて	はいけな
い	𝄽	𝄾おれ	よりあと	に	𝄽	𝄾おき	てもいけ
ない							

（♩＝96）

譜㉙

1	2	3	4	1	2	3	4
𝄽	おれ	より	さき	に	𝄽	𝄽	𝄽
𝄾き	みは	funky	monky	ba-by	—	𝄽	𝄽
𝄽	ねて	はい	けな	い	𝄽	𝄽	𝄽
𝄾お	どけ	て	る	よ	𝄽	𝄽	𝄽

譜㉚

「おれよりさき」に続く「に」が1拍目、そこでドミナント（V度）のコードになり、「ねてはいけな」に続く「い」でトニック（I度）に戻る。この型は、さっきのキャロルの歌とよく似ています。《関白宣言》を1／2のスピードにして比べてみましょう（譜㉚）。

これはどんなマトリクスに根ざしているか。両方共通の雛形を求めてみると、チャック・ベリーの《スイート・リトル・シックスティーン》（五八）に行き当たるでしょう。ビーチ・ボーイズのブライアン・ウィルソンの手で《サーフィンUSA》（六三）に生まれ変わり、世界中に伝播したロックンロールの定型です。

それを知れば《関白宣言》をロックンロール風にアレンジするのも簡単です。七〇年代の最高にゴキゲンなロック・ミュージカル『ロッキーホラー・ショー』（七〇）に《タイム・ワープ》という曲がありました。これも《スイート・リトル・シックスティーン》とマトリクスを同じくする兄弟です。その歌詞を「おれより先に」と歌い替えてみましょう。グルーヴィに踊れるはずです。

というのは冗談としても、《関白宣言》の拍取りでロックをやったら、実際、かったるくない日本語ロックができるのではないでしょうか。七〇年代の日本語ロックが、総じてもたつき気味だったのは、日本語の1モーラを英語の1音節と等価に扱う、誤解に満ちた慣習が災いしていたから、と僕は考えます。

勝手に（と見えて実は綿密な）シンドバッド

《津軽海峡・冬景色》が〈リキミ&ブルース〉の高速化・私情化に成功したしくみを、先に検討しました（211ページ）。ただ、このうたの♩＝82というのは、シャッフルビートとしてはだいぶスローです。これを♩＝140のレベルに上げて、リトル・フィートの《ディキシー・チキン》（七三）のような快速ソングを、格好良く日本語で歌うことはできないでしょうか。

その試みにサザンオールスターズの桑田佳祐が挑戦しています。デビュー・アルバム所収の《女呼んでブギ》（七九）では、高速（♩＝144）でシャッフルする1拍に「おんな」「よんで」「もんで」「だいて」、あるいは「おんな」「なんて」「そんな」「もんさ」の日本語を詰め込んでいる。どれも撥音（ん）や二重母音を活用した3モーラのシャッフルする日本語です。

これは別に桑田の発見ではありません。ノリのいい民衆のうたは常に、ノリを円滑にする撥音の働きを活用してきました。

♪「運転手はきみだ、車掌はぼくだ」と歌ってみてください。いい調子です。「うん・てん・しゅ」の3音が「タンタンタン」のリズムをうまく作っている。「う・ん・て・ん・しゅ」と俳句式に5音と捉え、じゃあ「キ・カ・イ・ダ・ー」でも同じだろうと思って歌ってみてもうまくノリません。「シャショー」も「ラドン」で置き換えるには無理があります。

しかし――

♪「新代田《しんだいた》はきみだ、明大前はぼくだ」とやると、これはこれでしっくりくる。「しゃ・しょ・お」と「めい・だい・まえ」がリズム的に等価であるからでしょう。伝統的な五七の詩歌の韻律法と違って、私たちのふつうの会話で二重母音は多くの場合1音として扱われるわけです。

では、♪「下北沢はきみだ、浜田山はぼくだ」はどうでしょう（すいません、ぜんぶ僕の職場があった京王井の頭線の駅名です）。ここで、1拍がそれまでの2音から4音に転じました。拍とことばの対応が、一段高速にギアシフトしたことになります。

♪「東松原はきみだ、駒場東大前はぼくだ」はだいぶ字余りですが、これも「𝄾 ひーがしまつ　ばらはー　きっみい　だこまばーとうだい　まえはー　ぼくっだ　あ」と「東松原」で1音、「駒場東大前」で3音前にはみ出させて歌えばOKです。スローなヒップホップをバックにして、傍点をつけた「が」と「と」のところを重いドラムスの音で強調すれば、これはこれでキマルでしょう。最後の「ぼくだ」のところは、当然シンコペーションです。

①「ん」の音、促音の「っ」、母音の後にくる「い」（ときに他の母音）は、それを独立した1音と数えずに、前の音節にまとめてしまう、

②そして、1拍4音のリズムのもつ、ハードなドライブ感を、ためらわずに押し出していく。

ロックする日本語のための、これが、さしあたってのレシピです。

その実践例として、サザンのデビュー・アルバムのタイトルになった《勝手にシンドバッド》を取り上げてみましょう。

「砂まーじり」で始まるボーカルのリズムに、とりたてて新しいところはありません。バ

ックビートを利かせた1拍2音の「唄い拍」です。そこからサビへと感情を高めていくとき、ふつうは伸びる音を使いたくなります。「(イッツァ)ホーーーーーンホーーンキィ・トーンク・ウィメン!」みたいに。しかし《勝手にシンドバッド》では、感情の煮つまりを倍速の日本語で表現する。「シャイなハートにルージュのいろが」の14音で1小節分。しかもしんみり歌い聞かせるフォーク歌謡のように、空白を求めない。テンポ自体《関白宣言》のほぼ六割増しです。

とにかく刺激的なビートを使い、シンコペーションを多用したトリッキーな歌い方で飽きさせません。ロックはおしゃれな洋物じゃねえんだぞ、といわんばかりに「ら」の発音も、「とまrrraないどうしよう」と巻き舌にして、植木等を受け継ぐファンキーな味わいを出している。

ビートの特徴として、2小節ごとに  というリズムに合わせた拍がきている点が挙げられます。この、力のこもった「ララッラー」を、ベースがその通りの弾き方で支える。お囃子のように入る「いま何時」は、寿司屋の「ヘイお待ち!」のよう。それに答える「だいたいね」も3音化して「ララッラー」のリズムで発音する。二回目の「いま何時」には「まっててー」、三回目には「はやっいー」という具合に同じ「ことばのビート」でたた

勝手にシンドバッド

桑田佳祐 作詞 作曲

譜㉛

みかける（譜㉛）。ビートルズが“Close your eyes”（《オール・マイ・ラヴィング》）とか、“It's been a hard day's night”（《ハード・デイズ・ナイト》）とか歌うのといっしょで、ビートのきいたしゃべりの拍がそのまま歌になっています。

この章では一九七九年（昭和五四年）のヒット曲を多く取り上げていますが、それは本書の企画が、五〇年代半ばにプレスリーやチャック・ベリーらが世界のうたに与えた揺動《ロック》と、その結果を追うものであるからで、七〇年代末になって、極東の消費大国日本でも、受けた衝撃が収まるべきところに収まってきた（変化した姿を、ヒット曲の構造のなかに明示するようになった）からに他なりません。

この年、七九年、ウォークマンが発売され、個人個人が、そのテイストにあった音楽を編集して携帯するという慣行が広まります。

八一年になるとアメリカでMTVが放映開始、音楽はイメージ産業の核として、そのビジュアルな表現の重要性を強めていきます。八〇年代はまた、デジタル技術が日常生活に浸透した時代であり、以後、音楽の編集や流通のしかたも大きな変化を被りました。

最後の章では、千年紀の変わり目を議論の一応の終着点として、実際にJ-POPと呼ばれるようになった楽曲が、過去の進化の足跡をどのようにとどめているか（いないか）を検討していきます。その間、世界的・世界史的スケールで、3つの大きな出来事が進行したように思われます。

（1）西側の「ソフト・パワー」が勝利した。――資本主義国の退廃の象徴としてロックを禁じてきた共産圏の体制が内側から崩壊し、旧共産圏でマイケル・ジャクソンらが熱狂を呼んで、社会を動かすポップな力が、あらためて認識された。

（2）グローバル市場における「クール」のシェアの獲得を、各国経済界が重視するようになった。カッコイイ売り物を米英に独占させないための動きが露わになって、「J-POP」

という大きなポピュラー・ジャンルが制度として動き出した。
（3）過去のうたをすべて収める巨大なデータベースが構築され始めた（その日常的な活用は二一世紀に入ってからのことですが、一九九九年には、すでにナップスターが「ファイル共有サービス」を開始しています）。

これらの環境変化が、ポピュラー音楽に与える影響を論じることは、本書の処理能力を大きく超えています。最後の章では、一九九〇年代のいくつかのヒット曲を再聴し、そこに至るまでの進化の道筋を思い出し、感慨を書きつけるにとどめたいと思います。

第七章　日本のうたの生きる道

乗るか反るか、英語の韻律

Ｊ－ＰＯＰの体制は、「歌謡曲」のうちから、どっぷり日本的なものを「演歌」として切り落とし、それ以外を「なんとなくグローバルでいい感じ」に仕立てて送り込むものです。それはもう動かぬ前提であって、横文字名の〝アーティスト〟も、アルファベットをあしらった楽曲名も──それらすべてを「クール」として受け入れないと、成立期のＪ－ＰＯＰをまともに論じることはできません。こんな風に英語に屈服するのは、近代日本の洋楽崇拝とまるで変わらないではないかといきり立っても仕方がない。グローバル化した感覚市場で私たちは、いつまでも「日本語弁」が直らずにいる田舎者なのです。

七〇年代以来、日本のうたの韻律の約束事がいくつか改定され、十分な数の国民がそれになじみました。なかでも、もっとも分かりやすい例が、音節の切り直し。「東京都」も「愛がない」も、5音ではなく、3音と見なす感覚がJ-POPには定着しています。

二重母音を1音に扱う新世代の韻律感覚を取り込んで、音頭ノリに現代風な味を添えているのが、たとえばモーニング娘。の《LOVEマシーン》（九九）。これはショッキング・ブルーの《ヴィーナス》（六九）を下敷きにしたロック曲ですが、サビのビートはほとんどが頭打ちの、きわめて保守的なノリを作っています。

にー　ぽんの　みら　い　は（Wow×4）
せー　かぃが　うら　やむ（Yeah×4）
こーぃ　をぅし　よぅじゃ　なぃか（Wow×4）

聞きやすい日本語ですね。このように、ロック的喧噪のなかにあって、「バディ・バディ・バディ」の韻律で、日本語に負担をかけずに整形していくという方向が一つ。

これとは逆に、英語も日本語も一つのグルーヴのなかに溶かしてしまおうという方向がもう一つ。その間を、J-POPの日本語は揺れ動いているようです。

ミスター・チルドレンはその揺れの中で、英語の方向へもたれかかることに快感を見いだす傾向が強いグループです。アルバム『Discovery』（九九）の2曲目《光の射す方へ》（桜井和寿＝詞・曲）の歌詞を、英語の耳で聴き取ってみました。

kum-ó-nus no yo-óh-na koh-sóck no woo-áy（蜘蛛の巣のような高速の上）
Mok-ték-chee-eh gaw-kíl-low, jew-tíe wa tsu-zúi-tel（目的地へ5キロ、渋滞は続いてる）

僕の表記はやりすぎで、ミスチルの桜井君は、桑田佳祐のような英語節はやりません。「高速の上」も、やろうと思えば "Co-suck no way" と4音化できるのに、やっていません。

J-RAPの方法

重いビートを発しながらも歌詞によるコミュニケーションを重視する、J-RAPに注目してみましょう。

韻律論的に見ると、日本語ラップでは、4音1拍を、Bの美学にしたがって裏切る（ウラ拍で切っていく）という、カウンターな力学の産物です。何に対するカウンターか——。《オッペケペ節》を参照しましょう。第二章で紹介した《ダイナマイト節》に先駆けて、日本各地で人気を呼んだ川上音二郎一座。そのパリ公演（一九〇〇）の音源を耳にすることができるようになりました。

（……）うわべの飾りはよいけれど、政治の思想が欠乏だ
　天地の真理が解らない、心に自由の種を蒔け
　オッペケペ、オッペケペ、オッペケペッポ・ペッポーポー

1拍4音の日本語を然るべく収めた、ナチュラルなJ-RAP。民謡《おてもやん》にも、ありましたっけ。「よめいりしたこたぁ、したばってん」。もちろん、この安定したリズム・マトリクスを、J-POPがそのまま活用するわけにはいきません。その種の「純邦楽」の世界から踏み出なくては〝ジェイ〟ではないからです。

ロック歌手はリードギタリストと同様メロディを歌い込みますが、ラッパーはリズムセクションの一員。舌を使って、タップダンサーの足に似た、きわめて細妙なリズムを刻んでいかなくてはなりません。

日本語ラップの音韻も、いとうせいこう&TINNIE PUNXによる試技的な『建設的』（八

六）の段階では「よめいり・したこた」から、それほど遠くありません。

本家のヒップホップでも、最初のメジャー・ヒットであるシュガー・ヒル・ギャングの《ラッパーズ・ディライト》（七九）を聞くと、「単なるディスコ」のように聞こえてしまいます。そこを起点に、ディスコ風から、どんどんBな態度（プライドに満ちたバッドな態度、これをアメリカの俗語で単に「アティテュード」といいます）を強め、九〇年代初頭にはブラック・ナショナリストとギャングスタが市場を席巻するまでになった。二〇世紀のはじめにラグタイムが浸透し始めてから、じわりじわり勢力を強めてきたBの音楽性、ここに極まれりといったところでしょうか。

日本のラップも、アンダーグラウンドのクラブ・シーンで、日本人のBボーイたちが、さまざまにユニークな実践を積み重ねてきました。日本語に脚韻を持ち込むという、日本詩歌史上、試みられ続けながら定着しなかった技法を身につけ、それをもって主流J－POPに浮上するグループも現れました。一九九九年のヒット曲、Dragon Ash の《Grateful Days》のボーカル導入部分は「𝄾そぅき—ょーも聞こ**え**ぇるヨーゥ—𝄾かぜに**揺**ぅられぇながぁれるぅス**テ**ェリオーッ」（降谷建志、ACO、ZEEBRA＝詞）で、判別に苦労はなく、バックの循環コードもやさしく耳になじみやすい。リズム取りのポイントは、「肩で・刻む・軽快な・リズム」を三・三・五・三ではなく三・三・三・三と解釈すること、そしてそれを、2・4打ちのスローなバックビートにのせていくところです。

この拍取りは《オッペケペ節》とどう違うのか。

ポイントは舌先のリズムというより、足の踏み出しにあります。ヒップホップでは1拍目(弱)で軸に立ち、2拍目(強)で、体を放り投げるように動きます。弱(ベースのみ)強ビート(スネアドラム)のワンセットが、息を吸って吐いたところで終わる。あるいはこぶしを握ってパンチを放ったところで終わるといってもいいでしょう。とにかく力が外に向かって吐き出される。「共同体のノリ」とは違う、これは自己中心的な、解放のビートです。

でも、それにしてはこの《Grateful Days》の世界、日本人的に慎ましやかですね。「父から得た揺るぎない誇り、母がくれた大きないたわり」(おかげさまでヒップホップやらせていただいてます!)、「今日も感謝して進む、荒れたオフロード」という具合。

ラップだからといって、アメリカの黒人のように凄んだりディスったり、暴力性を装うような激しい口調を真似たりするのはウソっぽい。反抗やら主張やらの暑苦しさに落ち込まない、日本人としてもっと涼しく自然に聞いてもらえる歌を、カッコよく歌うにはどうしたらいいだろう……。この模索は、ヒップホップに限らず、ロックへの馴化を果たして国際標準化したJ－POP奏者が日本の聴衆に向かい合ったときの、一般的な方向だったといえます。

過去の日本のロックバンドには、本家ロッカーのBな態度（Eに背を向け、黒いサウンドを突き進む）を信奉し、それに向かって背伸びするように演奏したようなところがありました。そうした、あるスタイルを誇張したり、テクニックをひけらかすようなところが、たとえばB'zの演奏にはありません。稲葉浩志にしろ松本孝弘にしろ、一九六〇年代生まれのアーティストはすでに、ロックこそが標準である音楽世界でロックを習得したプレイヤーです。彼らのリスナーも、もはや路地裏で鞠つきをしたり、戦後のラジオで「歌のおばさん」を聞いて育ったわけではない。ポップな意匠に満ちた「ひらけ！ポンキッキ」を見たり、親がツェッペリン・ファンなら一緒にそれを聞いて育った世代です。

文化接触において劣位の者が見せる直向きな（あるいは達成を自慢するかのような）姿勢が消えたこと、これまたJ－POPの時代になって大きく変わった日本の流行歌のありようです。B'zの松本がバリバリにギターを弾き、稲葉がマイクスタンドを振り回す。音楽としても、シヨーとしても、ここには何の不足もない。Jな国民の音楽需要が、Jなプレイヤーの供給するサウンドによって、十分に満たされる時代が到来したのです。

胸も腹も腰つきも、過去の民族音楽の残滓を打ち払った日本人が、最後までもたつかざるをえないのが〈舌〉でしたが、稲葉のボーカルはそこも、強引に突破しています。初動売り上げ二〇〇万枚のシングル曲《愛のままにわがままに僕は君だけを傷つけない》(九三)の出だし、「もう信じられないと」では、「しんじら」の4音をいっぺんに吐きだしています。現実の会話で、憤懣《ふんまん》をぶつける女性の発声そのままに。

J-RAPのライミングは、英語のような日本語を作るための、もっとメソディカルな(確固たる方式にのっとった)アプローチの産物です。「ここに綴る歓びと感謝、共に奏でる真の理解者」という《Grateful Days》の詞の一節は、日本語の2モーラを1音節に数えると、英詞のように、ちゃんとトロカイックな歩格が脚韻付きで成立しているのが分かるでしょう。

(強)　弱　強　弱　強　弱　強　弱

(ン)ここに・**つづるよ**・**ろこびと**・**カン**シャ

(ン)ともに・**かなでる**・**しんのり**・**カイ**シャ

「英語は強弱のアクセント、日本語は高低のアクセント」とよく言いますが、そんなことはありません。日本語の(特に関東弁の)強弱リズムを意識した詩文の伝統がなかったというだけで、たとえば、「♫♫」のリズムで——これはいまデタラメに作ってみた歌詞ですが——「彼岸だ、拝んだ、胃癌が、ひっこんだ」のように歌うたが流行していれば、日本の言語学者も考えを改め、「真の理解者」という発話に関して、その高低だけでなく、強弱にも注目したことでしょう。いわば日本語の隠された韻律を、アンダーグランドのシーンでラップしながら、新世代の若者たちは探索していたというわけです。

いつまでも使える過去

第六章まで、私たちが対象にしたうたの数々は「歴史」の中にありました。支持されるうたの背後には、支持する人たちの集団があって、その人たちは、国際関係、人種関係、階級の上下によって複雑な感情《コンプレックス》を抱えつつ、部分的にであれ、そのコンプレックスを、自分の愛するうたに投影していたかと思います。

いくつもの選択肢の中から、自分の好みを決め、それに浸ることを自分へのご褒美のように考えるのが現代人であるとすれば、それとは別の、過去の社会の構成員です。

僕自身の経験を語れば一九七三年、ローリング・ストーンズが来ると聞いて、早い番号のチケット引換券をとろうと、発売開始の二日前に、渋谷の百貨店の脇にできた列に加わりました。もう大学生でしたし、それも東大生でしたから、自分が中学生レベルのオバカを演じていることはよくよく承知していましたが、しかしストーンズが来日するという事態に、どんな姿勢で臨むのかということが、なぜか自分にとって決定的に重要だったのです。冷めて考えればバカらしくても「冷めずにいる」ことを選びたかった。いや、それは選択の問題でもなかったのでしょう。ロックの側に身を置く必要を感じていたのです。そうしなければ、ストーンズを社会の脅威と考えて入国を拒否する側に、自分も含まれてしまうかのように。

ロックの浸透期、「大人社会」に対する反発の矢印を抱えて生きた世代の読者には、説明するまでもないことかもしれません。当時の自分にストーンズの象徴的な意味が理解できていたとは思えません。理解して分かることとは別の価値を彼らは体現していて、ストーンズのステージをかぶりつきで見れば、その〈意味〉をダイレクトに浴びることができる——かのような気持でいました。結局、ミックのマリワナ所持での逮捕歴が問題になったらしく、来日はありませんでしたが、拒まれたこと自体、彼らの本物性を証明することのように思えたのです。

時代が変わって、一九九〇年二月、連日満員の東京ドームで僕も初来日を実現させたストーンズを見ました。その時のちょっと拍子抜けした思いを僕は、「とにかく六〇年代のロックが表象していたものとは逆向きの、一糸乱れずに秩序の力がドームにうずまき、僕らを攻め立て、攻め落とした」という言葉で報告しています(『日経イメージ気象』、一九九〇年四月)。「視覚的にも聴覚的にも断然快い、透明光線のストーンズ。これは命を吹き込まれた映像としての「ライブ」なのだ」と。

一九九〇年のステージでは、コンピュータによる照明の制御も完成していました。デジタル・テクノロジーは、過去を保存し、気軽に蘇生させ、切り出してはリミックスすることも始めていました。

一九九五年には、死んだはずのジョン・レノンがボーカルをとるビートルズの〝新曲〟《フリー・アズ・ア・バード》がMTVで繰り返し流れていました。六〇年代から丸一世代の時を経て世界は、蓄積された無限のカッコヨサにアクセスすることを基本とする環境に変わったのです。抑圧対反抗という、ある意味でしあわせだった構図が消えて、「快感の重低音」「爽快なドラミング」が環境を埋め尽くすようになり、「クール」の売り上げを最大にすることがビジネスの営みになるような、そんな世界が起ちあがっていて、その〈充満〉の中でどう振る舞うかが、ポップ作りにとって枢要な問題になったのです。

PUFFYの構造

PUFFYにはふてた感じの自由があります。《これが私の生きる道》(九六)。ビートルズ・モチーフ満載のバックにのせて、亜美&由美のフラットな歌唱が聴かれます。「悪いわねー、ありがとねー」のところを、《No Reply》（六四）の出だしの“(This) happened once before (when) I came to your door”と聴き比べてみて下さい。旋律は、同じと見ていいでしょう。でも歌唱の向きは全然違う。

ジョン・レノンのはアタックの強い歌唱です。恋人に拒絶された苦痛を込めた、嘆きの英語の韻律にそのまま音をつけ、ざらついたロックの歌唱を、“I saw the light!”のシャウトに結びつける、緊張感のこもる歌い方。一方のPUFFYは、言ってしまえば「タラーン」。「ちかごーろーわたしーたーちはー」。♪「月火・水木……にちよーびー」という縄跳びうたかなんかを思わせる調子です。

《これが私の生きる道》にビートルズ曲がいくつ詰まっているか、当てっこするのはゲームとして楽しいものです。《Twist and Shout》の「アーアーアーアー」や、《Day Tripper》のギター・ラインを聞き取るのは初級編。《抱きしめたい》の手拍子《クラップ》と《From Me To You》のハーモニカが聞き取れたら中級進級。「よろしくねー」のあとの「トコトコトン　トコトコトン」のドラムスが《Please Please Me》のエンディングからのもので、「そういうことにしておけば」に続くギター・フレーズが《It Won't Be Long》からのものだと分かったら仮免合格。最後の「さよーならー」の「らー」で鳴る和音が、同じように終わる《No Reply》

に比べてナインスの音が一つ足らない、と言える人はすでに師範級です。（僕自身はまだ仮免段階で、最後の問いに関しては、チャック近藤著『ビートルズサウンズ大研究・上』〔シンコー・ミュージック〕に助けられました。）

作詞作曲の奥田民生が《これが私の生きる道》にふったコードは、かなり高級です。「ちか―（E）ごろわたし―（Bm7）たちは」。ビートルズを知る者にとって、このコード進行には、強い意味がこもっているのですが、それについて書き出すとオタクの世界に入っていくので、その手のことに関心のある方は、名著『ビートルズのつくり方』（山下邦彦著・太田出版）にあたってみてください。

言いたいことは、要するに、こういうことです。

①ＰＵＦＦＹのうたは、ビートルズ（をはじめ過去のポップ音楽のさまざまなスタイル）をとても見えやすい形で取り込んでいる。

②にもかかわらず彼女たちは、それらの音楽的達成をチャラにするような、単なる〝ドレミファ・ソング〟をやっている。

ビートルズをチャラにすること

いま〝ドレミファ・ソング〟と言いましたが、これは、西洋唱歌の基本メロディに頼って4分音符を連ねる感じのうたのことです。実を言うと、初期ビートルズもけっこう〝ドレミファ〟をやっていました。《Eight Days a Week》（六五年二月、ビルボード一位）はその好例でしょう。コード使いやバックのリズム展開はオリジナリティにあふれていても、〝うた〟だけみると、「ウー《ミ》・アイ《レ》・ニー《ド》・ジュー《レ》・ラーブ《レ》・ベーブ《ラ》」。オイッチニ、オイッチニ。行進したくなってくるうたです。

しかし、もういちど言いますが、結果は似ていても、ビートルズがやっていたのは、奥田＝PUFFYがやってることとは逆向きのことです。つまりビートルズは、リバプールやハンブルグでの過酷なバンドメン生活を通して体にしみついたリトル・リチャードらのブラックなロックンロール感覚を胸に、腰に、抱えたままアイドルとして売り出され、西洋の中高生をターゲットに、彼女たちが一緒に歌えるうたを作って歌いまくった。その結果、作曲の現場でも演奏の現場でも「うたの異文化衝突」が起こった。その衝突から派生するさまざまに革新的な出来事が、彼らの〝ドレミファ〟を突き上げている——これが（特に初期の）ビートルズの世界なのです。（詳しくは拙著『ビートルズとは何だったのか』〔みすず書房〕を参考にして下さい。）

こう言ってもいいでしょう。近代世界に覇権を確立した民族のうたが崩れ始め、新しいポピュラーソングの体制がスタートする合間を縫って、それまでありえたのになかったうたが湧き上がった。その変動期のうたの豊饒さを象徴するグループがビートルズであると。

ＰＵＦＦＹのうたは、〈変革〉が通り過ぎたあとの路地で、変革の豊饒な落とし物を蹴とばして遊んでいる子供たちの石けりうた、という感じがしてなりません。前章で論じた、ダンサブルに締まったうたの腰なんて♪「どーだっていいじゃん」というかのごとき、♪「根ーほーりーヌ」「𝅗𝅥𝅗𝅥𝅗𝅥‿♪♪𝄾」（トータス松本＝詞・曲）。〃投げ遣リズム〃とはこういうリズムを言うのかと思わせる《ＭＯＴＨＥＲ》の出だしの♪「まいにちーまいにちー」「♪♪♪♪‿𝅗𝅥♪♪♪♪‿𝅗𝅥」（奥田民生＝詞・曲）。こんなわけで、ＰＵＦＦＹを観察しても、黒っぽさも和と洋の衝突も、なにも出てきそうにありません。

かつての流行歌には、地理が存在しました。「リンゴ村」があり「西銀座駅前」があり「南国土佐」がイメージとしてではなく、現実としてありました。ＰＵＦＦＹが住むのは「リンゴ村」ならぬ「アップルランド」でしょうか。そこには《Back in the USSR》のジェット機も飛んでいます。モスラもいます。さくらも咲きます。《アジアの純真》というのもあって、そこでは〃木魚拍〃による吟唱が、ベートーヴェンのエンディングにつながっています。

ＰＵＦＦＹを聞いていると、ロック以降のポップソングの歴史に思いが走ります。ビートルズと六〇年代末のブルース系ロックの百花繚乱の混乱期を経たのち、世界のポップ音楽は明確なジャンル体制に収まっていったのでした。プレスリーの腰とビートルズの創造を生み出した白⇕黒の「文化ダイナミクス」は、結局「ファンクなビート」という形にまとめあげられてディスコ以降のリズム音楽の隆盛をもたらし、その機械的で商業的なサウンドを嫌悪した者たちとの間に、メインストリーム⇕パンク／オルタナティブという「ライフスタイルのダイナミクス」を作った。——無理して一文にまとめれば、二〇世紀後半の英米先導国際ポップ音楽の動きは、そういうことだったと思います。

ポップ・ミュージック／ポップ・カルチャーの全体が通り過ぎていくあとに、無数のうたの断片が宙に浮遊します。それらは、昔の流行歌のように、ナツメロの世界に消え去りはしません。成功したモチーフは、気分の雲として、商品のＣＭに、映画のタイトルに、トレンディ・ドラマのテーマにつねに活用される。過去数十年のいろんな弾みが消え去ることなく浮かんでいる、そんな国にＰＵＦＦＹたちは暮らしています。批評家が「ハイパーリアル」と呼ぶ、楽しくそして退屈な、イメージと気分の国です。

達成のセレブレーション

一〇年ごとに時代を区切ったどのディケードにも、その時その時の標準があり、その標準を意識しての音楽作りがあります。九〇年代初頭のニッポンの「音楽的デフォルト」を考えるとき、槇原敬之の《どんなときも。》（九一）は無視できません。Aメロ、Bメロときて、（ダン、ダン）「どんなと・きもぅ〜―どんなと・きもぅ〜」。この「きも」の、澄んだ声で軽くシンコペーションする感じ。これを「正しい」とする感覚がJ-POP時代の国民的コンセンサスです。

その〈先〉へ踏み出していくことが、ポップの冒険です。

一九九六年の紅白では、安室奈美恵が、黒衣に身を包んだドレッドヘアの男たち三人を従えて踊っていました。この曲《Don't Wanna Cry》（小室哲哉＝詞・曲）の拍子をとってみましょう。ドラムスは「トコツクトコツクトコツクトコツク」と1小節16ビートを刻んでいます（ボーカルの切れ目のところでは、「ンタタン・タンタカ」と、頭のところの強弱が入れ替わったビートを目立つように入れてある）。2拍目と4拍目の強い拍は、半世紀前のR&Bから世界が吸い上げた国際標準のビートです。でも、これは、強烈です。

1　**2**　3　**4**　1　**2**　3　**4**

𝄾そおー　やってー　待ってい　てもー無ーー駄だっ　てーーー（トコック　トコック）ー
𝄾みんー　なー分か　あってる　けーどーーねーーー（トコック　トコック　トコック）ー
𝄾じゃー　なんでー　待ってい　るーのかーあーって　えーーー（トコック　トコック）ー
𝄾聞かー　れーたー　ときーに　いーーーーーー気がー　ついたー（ンタタン　タンタカ）ー

これはダンス・ナンバーです。強く、かっこよく、弾みながらステップを踏む。そうやって踊りながら、しゃべり拍で歌いかけるうた。

最初の8小節を図解してみました。Aメロはブラック風味のペンタトニックです。Bメロになって、音高を1音ずつ上昇させ、歌い上げていく、その先には、転調した（ブラック味のない）歌いやすいメロディ――相変わらずビートはきているなかで、アムロ的な「かわいカッコイイ」パフォーマンスになっています。でも間奏は、ギターの盛り上げではなく、ファンキーなベースが引き受けている。この曲の方向性は、明らかでしょう。アメリカです。それも黒いアメリカ。「いーつの日か――――」と素直に声を伸ばしたあと、気分は英語で I'll be there, I'll be there, I'll be there!

ただ、この英語に本物感はありません。可愛くていいのですが、まだ十分に「ブラック・コンテンポラリー」ではない。ドレッドヘアの真っ黒い大男と一緒に、キレのいいステップを踏んでいる安室奈美恵は、その点、まだ、Bなアメリカに近づこうと健気な奮闘を見せた昭和の歌姫たちの延長線上にいます。淡谷のり子のブルース、笠置シヅ子のブギ、弘田三枝子のロックンロール、和田アキ子のR&B……彼女たちはしかし「突き抜ける」ことはしなかった。頃合いを見て、Jに落とすことを、昭和の歌手は使命として担っていたし、国民もそれで安心していたようです。本物のブラックみたいに歌うなんて無理だ、というある種の寛容の中で、がんばっている日本の歌手に拍手し、盛り上がっていた。つまり日米の非対称を確認した上で、私たちはポップソングを楽しんできたわけです。

それがMisiaがでてきたあたりから、ようすが違ってきたようなのです。《つつみ込むように》(九八)でデビューした彼女を、メディアはこぞって「実力派R&B歌手」の登場として祝福しました。たしかにMisiaはうまいけれど、アメリカの一流どころと比べたらどうなのか——という方向へ、かつての日本人なら思い進んでいった。それをしなくなった。むしろ、方向転換して「まだまだ」の認識を押しつぶし、「もうすでに」という方向へ持っていくようになった——とは断定できませんが、もしそうだとしたら、これは大きな変

喉：
なー　なかいめの｜ベー　ルで受話器｜ーをとっ　たきみ｜ーー　なま｜
胸：
腰：

譜㉜

化を表しています。流行歌の成立以来（戦争による抑止はあったものの）ずっと〈アメリカ〉を廻っていたポップ・マインド、その作動の原理に、どんな変化が生じたというのでしょうか。

日米の関係に「変更」が生じたと仮定すると、一九九九年に起こった、J－POP史最大級のポップ・エクスプロージョンの意味も明らかになるでしょう。宇多田ヒカルの出現。英語の発音まで本物の、〝アメリカと対等〟な歌手の出現に、日本は祝福ムードに包まれました。この屈託のないバイリンガルの一六歳が、「薄幸の」演歌歌手・藤圭子の実娘だったという事実も「達成のストーリー」に拍車をかけたのではないかと思います。で、そのうたは、どんなうただったのか。

オートマティックな快

ヒップホップのスクラッチのような導入に続けて、マイナーのメロディ、R&B風の“I can't help but feel alive, yeah yeah”、このあたり、クールさにおいて、さっき見た安室奈美恵の英語での感情吐露を楽々と超えています。

リズム・セクションはスネアがスローな2、4打ち。バスドラとベースが、ドクドクッと胸の鼓動を伝えていく。そしてその〝心拍〟がうたのリズムと重なっています（譜32）。胸はドクドクッ。腰にはタン！とビートがきています。踊っているし、喉には基本的に8分音符の唄う拍がきています。

メロディは高いド（A♭、コードはFm）からの入りで、感情のボルテージはいきなり高い。受話器の「きー」がウラで入って切なそうに伸びる。二行目「名前を言わなくても声で、すぐ」はペンタトニック（エオリア音階風）の「ミレドラ」の音構成。と思うと、「わかってくれーる」は「ソ♯ラシ」の和声短音階です。この「ソ♯ラシ」で思いはグーッと上昇するのだけれど、でも頂点にはもっていかずに、もう一度「唇から自然と……」に始まるサイクルに落とし込む。そして「嫌なことが」で始まるBメロは、“sun will shine”を経て、頂点に達します。

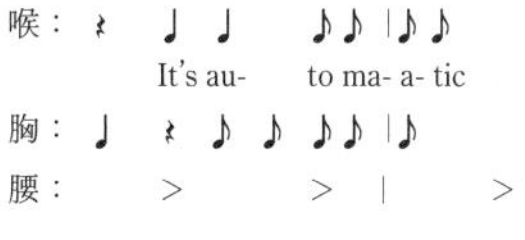

譜㉝

頭に1拍休符が入っているので、It'sがドラムの「タン！」とシンクロする（譜㉝）。automaticは「オートマアリッ」と発音され（「リ」と書いたけれど「リ」とは違う、日本人にはなかなかできない破裂しない[t]の音）、「オートマ」の4音それぞれがすごく低くて足早のベース音にのっかり、「ト」と重なるドラムの「タン！」で弾んだうえで「アリッ」でブーン！と思いが解放される。胸に響くベースと、喉をふるわす呼気、体の揺れをつくるスネアドラムが一体となって、ドキドキ・キラキラ・ハラハラする少女の身体そのままのうたを作り上げています。

この歌を聴いていると、過去のいろんな歌がなんだか遠くで鳴っているような感覚に襲われます。ギターの弦を一本鳴らすと、他の弦が共鳴して震えだすように、この歌が鳴ることで私たちを密に覆うポップランドの大気の中からいろんな歌が鳴り出すみたいなのです。私のような六〇年代人間だと、「（空打ち一発）イッツ・オー・ト」で湧き上がるのは、ビージーズの［（ン）It's only｜**words**］（《ワーズ》六七）、そしてメアリ・ホプキンの［（ン）Those were the｜**days**］（《悲しき天使》六八）。他のところではロバータ・フラックの《やさしく歌って》や、バーブラ・ストライサンドの《ウーマン・イン・ラブ》の残響もかすかに聴き取れます。PUFFYにおけるビートルズのようにクッキリとした輪郭をつくるのではなく、共鳴するエコーのように、この歌のまわりを包むといったおもむきです。

響くのはヨーロピアンな歌の数々ですが、それがこのうたのBなフィーリングとマッチするのは、"It's automatic" のあとのメロディが、「シソミソ」（主和音をAmにしたときのEmの音色）になって、#のない——近代以前の、あるいは黒い、あるいは日本的な——短音階となり、それがそのまま「ソ#」を伴う（Amに対してE7をつくる）切なく上昇するメロディにつながっていることの効果かと思われます。

日本のうたの進化を論じるこの本では、説明のために、Eな感覚、Bな感覚、Jな感覚を分けてきました。二〇世紀のJ-POPが行き着いたこの《Automatic》に古い日本の要素は感じませんが、EとBとが矛盾なく背反せずに溶け合っているところは、いい意味でJ（日本文化的）だなあと思います。ポイント・ポイントでヨーロピアンな切なさを押し出すこのうたは、同時に、ゴスペル的な高揚感も舞い上がらせる。宇多田の、堂に入った「ウォウ・ウォウ・イェ！」や突き刺すような「Tell me why-y-y-y」は、このうたの〝黒さ〟を聴く者に納得させるでしょう。たまに、かすかに「パパッ」と入るファンクなラッパや、エンディングのコーラス・ハモの向こう側で控えめに鳴り続けるロックなリードギターを意識すると、二〇世紀ポピュラー音楽が長い歴史をかけて続けてきた白人音楽と黒人音楽の対話と融合が、よくもここまで、日本のうたの内部にもぐりこんだものだなあとの感慨にうたれます。

ニッポンのうた？

最初の章でアムロのうたに関して「Jの本音をBに弾ませEで飾っている」と言いました。

その配分は宇多田の場合、ちょっと違うようです。日本語で歌っていながら日本を感じさせず、たとえば「アクセス」という語を英語2音ではなく日本語の4音で歌ってみたり、“computer screen”を「コン・ピュ・ー・タ・ー・screen」と変則的に6音化するところなど、逆に「Jな感じを英語に採り入れている」ふうにすら聞こえる。EとBの関係も、どっちが本体でどっちが衣裳なのか分かりません。

いや、もう「うた」を人種で考えること自体反動的なことなのでしょう。一九九〇年代、人はすでにマライア・キャリーとホイットニー・ヒューストンとセリーヌ・ディオンを人種で聞いてはいませんでした。

それに、聞きようによっては、《Automatic》もけっして〝日本〟を排除していないのです。うたのノリをつくっているリズムは「なー・なかいめの」の「♩𝄾♪♪♪♪」ですが、これで踊ってみると、最初の「なー」に踏み出しがあり、次の「な」で静止（そこでベースがブーンと折り返す）、「かいめの」でもとに戻ってくる。このリズムは、舟をこぐときと同じです。「エンヤー」で踏み出して「トットッ」で戻る。「なー・なかいめの《エンヤートットットッ》」。この大漁節のリズム取りが《Automatic》には意外とキマルのです。「もういい加減にしてよ！」と叱られるかもしれませんが、最後に言わせてください。

そもそも、〝ニッポンのうた〟などというものを考えること自体、心の狭い話ではないでしょうか。音楽は伝播し混ざり合うのが原則です。戦時中、日本の兵隊は♪「勝ってえくるぞと勇ましく」と歌いました。〝鬼畜米英〟をやっつけようというあの歌だって、旋律的には「ドシラ」の西洋的終止感をもつうたでした。五・一五、二・二六の事件に連座した急進的青年将校たちは《青年日本の歌》というのを歌いました。♪「混濁の世に我立てば、義憤に燃えて血潮湧く」の「ち《ド》し《ミ》ーお《ド》ーわ《シ》く《ラ》ー」も同じです。

ぜんたい〝日本に固有の〟音階とか唱法とかいうものを見つけだすのはそもそも不可能なことで、追分にしろ八木節にしろ大漁節にしろ、モンゴル、ツングース、朝鮮その他のアジア民族の流入があって、はじめてああいう形をなしたわけです（そのあたりの話は、NHKライブラリーから出ている小島美子氏の『音楽から見た日本人』にやさしく書かれています）。

メディアの時代、うたが混ざるのに「人」が混ざることは必ずしも必要でなくなりました。《Automatic》が響く部屋。そこはエレクトロニックなうたの坩堝です。「体中が熱くなってくるーっ」「パラダイスにいるみたいーっ」のあとに「うわーん」と広がるエコー。バック・コーラスにもエコーが利きまくっています。ドラムスが腰にきて、ベースが胸にきて、ニッポンを引きずらないブラック・コンテンポラリーな日本語が切なく吐き出され、それ全体がヨーロピアンとはもはや言えないハーモニーに甘くつつまれる。これがもう、ほとんどオートマティックに気持ちいい。

腰も胸も喉も脳もみんな包み込むこの〈快〉から弾き出されるものがあるとしたら、それは〈腹〉でしょうか。美空ひばりが声をふるうとき、都はるみがこぶしを回すとき、彼女たちの声は聞く人の腹に収まりました。腹は人の心の根っこです。本音が響くところです。イメージがすべてを取り仕切り、身体が快楽にさらわれそうになるときに、そのウソっぽさを感じるところです。

一九九九年、《Automatic》流の快感が広がる一方で、《だんご3兄弟》という歌が、日本全土に伝染していきました。ここに植木等において観察したのと同じ構図が見える、ということもできるでしょう。「だんご」とは、J‐POP的気どりを一掃する「てやんでえ」であると。しかし、たとえそうだとしても、私たちが腹に溜め込んでいたのは すでに♪「スィースィースーダララッタ」ではなく、♪「だんご、だんご」のタンゴだったのです。松島詩子が♪「かがやくーは、ほしのひとみーよ」（《マロニエの木陰》坂口淳＝詞、細川潤一＝曲）と歌った一九三〇年代の憧れのリズムは、黒猫ちゃんのかわいいニャーオ（《黒ネコのタンゴ》六九）を経て、私たちの腹に〝土着〟しました。ファニーだけど居心地のよい、私たちの本音のしらべになりました。「日本に固有の」とは言えないけれど、「日本文化に生きる者なら誰でもノレる」しらべです。

うたから「土地」が消失したかに見える〝ハイパーリアル〟な九〇年代にあってなお〝ニッポン〟は、その内実を替えながら、私たちを〈私たち〉に引きとめていた。一方で私たちのうたはさらなる快をもとめて胸を膨らませ、ほとんど日本語を引きちぎらんばかりに背伸びして、私たちの腹との間に乖離《ズレ》を生んでいた。

要するに、新しいうたを生み出すダイナミクスは、千年紀の変わりめにあってなおその緊張を解いていなかったということであります。二〇世紀の時の歩みとともに、そのボディを変えてきた日本のうたは、二一世紀も引き続き変化の渦のなかにあり続けるのか、それとも本書で観察してきた急速な進化の時代は終わってしまったのか——その検証を次世代の感性に委ねて、本書の考察を終えたいと思います。

平凡社新書版『J-POP進化論』あとがき

J-POPオヤジというのがいるかどうか知らないが、僕はそれではない。ふるさとは六〇年代。森山加代子ならたいてい歌えるが、SPEEDもジュディマリも一曲も歌えない。ミュージシャンでも音楽学者でも業界人でもない自分が、このかなり無鉄砲な本でやろうしたのは、私たちの心の歴史を音符で語ることである。

歴史というと、観念によって語るのがふつうである。観念は対立を好む。すわりはいいが弾みが悪い。ところが心というのは、沈んだり弾んだり、なかなかすわりの悪いものだ。日本（J）の、過去から現在に至る弾み（POP）のパターンを、その時代・時代の人々が口ずさんだうたをたよりに引き出すことができたら——という願いが、『J-POP進化論』という書名に込められている。

一〇年前に『ラバーソウルの弾みかた』という本を書いた。六〇年代の反抗的な弾みがいかにして八〇年代の商業的な弾みのベースになっているのかを検討した本である。あの本で〝弾み〟というのは多分に観念だった。それがこっちでは「方法」になっている。今も抜けない六〇年代の弾みをかかえて、平成のうた・昭和の古いうたを訪ね、そこで感じる弾みの違いをしっかり記す――それをやってみたら、この本ができた。

はじまりは東京大学出版会刊『新・知の技法』に書いた「安室奈美恵への道」。そこから多くを吸い上げさせてもらっている（羽鳥和芳さんの寛大な応対に感謝！）。各論の、冗談に満ちたトークの部分には、自宅近くの放送局で流していた〝佐藤教授のぷにゅぷにゅポップス〟がそのまま入り込んだ（パートナー田野内明美さんをはじめ、ラジオ高崎の若い友人たちにハイタッチを！）。

パートナーといえば、採譜から何から手伝ってもらった、わが家の仁子さん（もう昔みたいにうたは作れないので、代わりにこの本を捧げます）。それと、『ユリイカ』時代から二〇年、節目節目で僕の仕事を導いてくれた坂下裕明さん。またまたの絶妙なるリードに感謝を込めて――。

一九九九年三月　　　　佐藤良明

平凡社ライブラリー版　あとがき

『J-POP進化論』を再刊したいとの話を平凡社の岸本洋和さんからいただいて焦った。今でこそ、北米のポピュラー音楽に関してなら、専門家のような振る舞いもするようになったが、二〇年前に刊行したあの本は、単なる愛好家の手になるもので、専門的見地からすれば――解説で輪島裕介さんがマイルドに指摘してくれているように――不適切で時代遅れの記述が随所にあったのである。

平凡社ライブラリーの一冊として残すとなれば、建て替えは無理としても、リノベーションが必要なのは明白だった。しかし骨組みを残して、説明を一新する方法があるだろうか。残しておきたい部分はあった。近所のラジオ局でDJをしながら書いた旧作には、昭和のうたの特異でヘンテコなところをエンジョイしているところがあって、「ほら、ここのところ……」と言っている箇所は、現代のネット視聴者に、流行当時の聞こえ方を示す役には立つだろう。

結果的に、この「増補改訂版」は、旧作の三分の一を削除し、その二倍ほどを書き足すことになった。すなわち新旧半々という按配《あんばい》になっている。一番変わったところは、J、E、Bに、新たにCを加えた概念を、より可変的で関係論的に捉え直しているところだろう。

『J-POP進化論』は、ポピュラー音楽の研究書として意図したものではなかったが、多くの評論家の方が書評で話題にしてくださり版を重ねてしまったので、さすがに僕もプレッシャーを感じ、ちゃんと勉強しないといけないと思って、大学の同僚と「日本の大衆文化における〈うた〉〈おどり〉の諸相」と称するテーマを起ち上げ、科研費も頂戴し、資料も集めた。増補した第四章「「リキミ&ブルース」の成立」は、『表象のディスクール5 メディア』（東京大学出版会、二〇〇〇）に掲載した論文「ヒット曲の文化ダイナミクス——ロック時代の日米三連符歌謡」に依っている。また第六章、第七章で展開している日本語の発声リズムについての論は、一部に『シリーズ言語態2 創発的言語態』（東京大学出版会、二〇〇一）所収の論文「うたうカラダの韻律論」で展開した考えを取り入れている。

とはいえ、この増補改訂版も、学術研究の書ではない。「ディスクジョッキー講座」というくらいが適切だろう。忘れ得ぬ昭和の——特に三〇年代・四〇年代の——うたの数々。ほとんど身体にしみこんでいる日米欧のヒット曲に内なる耳をすますという方法で、目指すところは、大胆にも、歴史の大きな流れを聞き取ること。それもまた、広い意味での学問(学んで問うこと)ではあると思う。そういう無謀な営みの意義を、僕は大学の教室で小泉文夫という人から学んだ記憶がある。芸大から出講してこられた小泉先生の「日本の音楽」。その授業は、毎回が啓発だらけだった。

音階の踏み段をちょっと変えるだけでメロディの感じが一変する。そのフィーリングの違いが、民族のうた心を形作っている――という種の言説は、しかしもう、とうの昔に賞味期限が切れてしまった。「金魚〜え、キンギョ」と唄いながらやってきたオジサンのしらべが、世界の民族音楽の比較図の中に、単純明快な数理関係をもって位置づけられることがあんなに衝撃的だったのは、金魚屋の記憶が、同じように竿をかついでやってきた肥だめかつぎと重なっていたからではなかったか。その臭気やグチャグチャが消えて「有機農法」のポジティブなイメージばかりが前景化した時代では、「未開」を回って音を集め、分類し整序づける小泉文夫の仕事も、単にそれだけの(西欧的な整序を分配するだけの)ものになってしまう。

東大の教員として『新・知の技法』(東京大学出版会、一九九八)という、教養課程の副読本に執筆することになったとき、「いま、日本を問う」というお題をいただいて、僕は四半世紀前の教室で授かった衝撃をなんとか投げ返したいと考えた。J-POPの時代になっても「日本のうたの不変の深層」を語ることができるのか。それともその深層を吹っ切って変わりゆくサウンドの実相を強調すべきか。『J-POP進化論』の雛形となった、この「安室奈美恵への道──日本のうた試論」において、僕が学生たちに伝えたいと思ったのは、うたは民衆の文化的身体であり、そう易々と変わらないが、それが姿を変えるとき、そこには地球大のパワーシフトが絡んでいることを感じてほしいということだった。

『J-POP進化論』は、その書名の通り、変化の過程に力点を置いていた。ところが、今回のバージョンでは、変化の背後にもう一段、高次の構造があるらしいことが示唆されている。JもBもCもその他どんな地域の音楽も、それらをみんな取り押さえようとするEと対立し、その手を逃れて、新しいポピュラリティを生み出す勢力のようなものとして捉えられている。これはどういうことだろう。ニッポンのうたを、世界諸民族のうたの兄弟として位置づけつつ、クラシック音楽の冷ややかな権威から解放しようと闘ってもいた小泉文夫ほか勇壮なる諸先輩の身構えに近いものが、自分の中にも生まれつつあるということなのか?

二〇一九年三月

佐藤良明

解説――『Ｊ-ＰＯＰ進化論』はいかに進化したのか？

輪島裕介

一九九九年に本書のもとになる平凡社新書版『Ｊ-ＰＯＰ進化論』が刊行されたとき、私は大学院博士課程に入ったばかりの音楽学者見習いだった。当時一読して、ある種の違和感、さらに言えば反発を覚えたことを、まずは告白しなければならない。と、あざとく挑発的に書き始めるのは、この増補改訂版によって、自分が感じた違和感が見事に払拭され、と同時に、当時どこにひっかかっていたのか、何を読み落としていたのか、ということについて腑に落ちたからだ。そこで本解説では、旧版と増補改訂版の間の〈進化〉について、二〇年前の若造の違和感を手がかりに考えてみたい。それは逆に、本書の〈進化〉を通じて、それを促進した知的／文化的環境の変化とはどのようなものなのか、と問うことにもなるだろう。

まず当時の私が最初にひっかかったのはタイトルの「進化論」という言葉だった。当時、民族音楽学やポピュラー音楽研究の文脈で批判的人類学、カルチュラル・スタディーズもかじっていた私にとって、いわゆる「社会進化論」を思わせるその言葉は、いわば「親の仇《かたき》」のようなものだった。基本的には人間の営み（つまり文化）である音楽という対象について「進化」という語を用いること自体が、社会（ひいては人類または「人種」）が単純なものから複雑なものへ、低次のものから高次へ、単線的に変化する、とみなす、人種や文化のヒエラルキーを前提とし、またそれを再生産することである、と考えていた。

しかし、そこで当時の私に欠けていたのは、自然科学的な常識、つまり、「進化」とは、環境の変化に応じて偶然に獲得された形質が次世代以降に（これも偶然に）伝わる、という過程であって、第一義的には「進歩」や「向上」を意味するものでは決してない、ということだった。そうした視点が、ベイトソンの訳者に欠けていたはずがない。高校時代にかなり背伸びして『ラバーソウルの弾みかた』を読んで、トーダイとはこういう人ばっかりいるところだ、と勘違いしては、人並みにドアーズやジェファーソン・エアプレインやケルアックにかぶれたものだが、同書の主題である《時》と重ね合わされる基本概念のひとつである《進化》について、「そこには、「前」向きのイメージも「上」向きのイメージもないのだという点を、最初におさえてほしい」と強調されていたのはすっかり読み落としていたようだ。

私が誤読したのだから他の人も誤読しているに違いない、と考えるほど傲岸《ごうがん》ではないつもりだが、やや自己弁護すれば、一般的な語彙としての「進化論」が社会進化論を含意することが多い、というだけでなく、旧版刊行の一九九九年は、より「洋風」の大衆歌謡を指すものとして八〇年代末に案出され九〇年代前半以降拡散していった「J-POP」という用語が、若者市場をターゲットとする日本製の主流的ポピュラーソング全般として定着した時期だったそのことも誤読の一因だったかもしれない。雨後の筍のようにミリオンセラーが続出していたこの時期、新たな「洋風」のメインストリーム音楽市場の急速な拡大を「達成」とみなすような時代の空気がたしかに存在しており、私はなんとなくそれに居心地の悪さを感じていた。それゆえに、「居心地の悪い語の二段重ね」のタイトルに過剰に反応してしまったのだろう。

さらにいえば、副題の「「ヨサホイ節」から「Automatic」へ」も、出発地点から目的地点にむかう直線的な進歩を匂わせるもののように思えた。というのは、一九九九年時点での宇多田ヒカルの登場は、圧倒的な突然変異であると同時に、抗い難く進歩や向上を含意する一種の「到達点」のように感じられていたからだ。

もうひとつ、旧版の理論的な中心であった音階論への違和感についても述べておきたい。旧版刊行時には、本書中で「E」「B」「J」と分類されるような、それぞれの社会集団の基本的な音楽的特徴が、音階の差異によって説明できる、という考えは、「民族」とその文化的特徴について、不変の本質が存在すると想定する文化本質主義を孕むのではないか、という反発を持った。というより、端的に「時代遅れ」なのではないか、と感じたのである。私が学び始めていた民族音楽学の前身である比較音楽学においては、各民族の音階の分類という企図自体が、構成音の少ない音階をもつ「未開」の民族から、「半開」の五音音階を経て、近代ヨーロッパ芸術音楽の「完全な」七音（場合によっては一二音）音階と和声構造に至る、という、きわめて人種主義的な社会進化論図式と親和的であった、という学説史的知識もあった。音階として整理・分類しうる離散的な音程関係を、リズムや音色といった他の音楽的要素よりも重視する態度自体が、音程関係の制御を中心とする西洋近代芸術音楽の価値観を無前提に投影するものだ、という批判もありうる。とにかく音階論と「進化」は食い合わせが悪すぎる、と反射的に感じてしまったのだ。

しかしながら、本書の中心的な主張は旧版から一貫して、七〇年代の日本の大衆歌謡における「ラドレミソ」の浮上は、一九七〇年代に活躍した民族音楽学者の小泉文夫が提唱したような、「日本古来の音階（＝基本的な音楽性）の回帰」ではなく、ロック以降の世界の大衆音楽の中で前景化する「B」の感覚なのだ、というものである。私が読み落としていたのは、その主張が可能になるためには、ある社会集団とそこに特徴的な音階の間の関係は可変的である、という前提が既に含まれている、ということだ。増補改訂版で加筆された、第一章末尾に加筆された「話は簡単ではない」の節では、これをめぐる問題がこの上なく明確に書き込まれている。特に、「E」の支配下での「B」と「C」の相関と差異化や、「B」を「E」を介して摂取した「J」の問題など、単に「三つどもえ」といった次元を遥かに超えて、近代世界における覇権としての「E」と対峙《たいじ》し乗り越えようとする諸勢力の複雑かつ切実な文化の交渉過程が示唆され、そこでの重要な特異点として「ロック革命」が位置づけられる。音階論的な分析とその含意が、歴史的・文化的な厚みを伴って、きわめて動的なものとして位置づけ直されているのだ。

より具体的には、「B」の音楽要素を特徴づけると同時に、「J」とも類似する「ブルーノート」を位置づける中で、その由来を短絡的に「アフリカ」に求める考えに対して、そうした考えが生じてくる政治的・文化的条件を十分に考慮しながらも、一定の距離を置く必要を繰り返し強調しているのが印象的だ。

JとBは、さほど違わないところから出発したにもかかわらず、そのふるまいは対照的でした。Jは基本的に、Eにあこがれ、Eと同化していく中央集権的社会において進展したポピュラー音楽です。一方のBは、多分に根を同じくするCに反発し、それとは違うスタイルをもつことを民族の誇りとする人たちが発達させた音楽です。（56ページ、これに続く「態度（アティテュード）」の表明は見事というほかないが、野暮な解説は慎み、読者のみなさんが各自味読されたい。）

ポピュラー音楽は、盆踊りやワークソングのようなものではなく、「民族の伝統」が自然に表出するようなものではありません。それは個人やグループが意図を持って実践するものです。「俺たちは白人なんかとは違う音楽をやる」という意志を、北米の黒人たちは、ラテンアメリカの同胞たちにも鼓舞されつつ、ラグタイム、ジャズ、ブルースの演奏にぶつけたのだろうと思います。要するに、Eとの違いを際立たせる音楽を実践した。（157ページ）

さらに、「うたのマトリクス」という複合的な視点を新たに提示し、分析方法としてはどうしても静態的にならざるを得ない音階論から一歩を踏み出している。そのことが最も明確にあらわれているのは、新たに追加された第四章「「リキミ&ブルース」の成立」だろう。

旧版でも部分的にとりいれられていた韻律的な分析をより前面に出し、ロバート・ジョンソンの強弱歩格に触れて、「音楽は構造だけではない、さまざまな「力」の出会う場でもあるのです」（122ページ）と洒落てみせながら、「森進一を、一方でハンク・ウィリアムズと、もう一方でマディ・ウォーターズと比べ、その類似と相違を分析する、〝比較大衆ソング論〟」（141ページ）を志向し、そこにエルヴィス・プレスリーも組み込んで、未曾有の音楽的階級転覆運動である「ロック革命」を描き出そうとする。演歌とアメリカ黒人ブルースの観念的な照応関係については、僭越ながら拙著『創られた「日本の心」神話』でも取り上げたが、アメリカから日本への言説上の影響関係にとどまらず、感覚的、肉体的な次元まで踏み込んで、しかし安直な本質主義を回避しながら比較する試みは、まさに壮大といえる。ちなみに私が「演歌」を研究し始めてからしばらくして、昔読んだ『ラバーソウルの弾みかた』の「ヒップ」の議論のなかで、吉永小百合のファンだった高崎の高校生が、都はるみや水前寺清子を口ずさむようになった、という記述が唐突に挿入されていたことを、これまた唐突に思い出した。「横尾忠則が高倉健と浅丘ルリ子にこだわるあの域に、いつか自分も達することができる、なんてとっても思えはしなかった」という謎めいた一文の「あの域」がなんなのか、ということが拙著執筆の動機の少なくとも一部になっていたかもしれない。

ところで「リキミ&ブルース」の「3連符」と「腰」をめぐる思索は、現代世界の音楽的環境を解釈する上でも有効であるように思える。ヒップホップ（特にトラップ）をはじめとする現代のアフリカ系アメリカ音楽と、その影響もかなり強く受けた南米やアフリカ大陸のヴァナキュラー音楽において、二分割系リズムと三分割系のリズムが同時進行的にあらわれて独特の「力」の軋みと快楽を生じさせるような音楽語法が急速に一般化している。この事態が意味しているのは、これまで「ブルーノート」という音程（音階）と結び付けられてきた「B」の音楽的特徴が、アメリカ合衆国を遥かに超える範囲で、リズムを中心に更新されている、という世界史的な変化なのではないか、と、「うたは世につれ」の「世」を「世界の歴史」に広げて考えようとする（187ページ）本書の射程の広さにあやかってぶち上げてみたい。

この「リキミ&ブルース」問題が論じられることによって、旧版を引き継ぐ七〇年代以降の日本の音楽的変化の指摘の歴史的意味合いがより鮮明になる。アメリカ音楽史に喩えて言えば、ティン・パン・アレイからいきなりロックに移行していた旧版に対し、フォーク・リヴァイヴァルとブルースに関する記述が付け加わったぐらいの決定的な変化といえるだろう。階級転覆的な実践である「ロック〜ブルースという新しいミュージッキング（音楽の仕方）

の影響を受けて、日本国民の中にどのような音楽実践が登場したのか、という問題は、裕福な若者層のテイストの問題としてではなく、もっと平民主義的な視点から見ていくべきでしょう」（178ページ）という指摘には強く膝を打った。

もう一つ、さらに強く膝を打ったのは、「カウンターカルチャー」を「対抗文化」ではなく「逆行文化」と訳すべきではないか、という提案である。

白人が白人の規範を反転させて、黒人のアクセントでしゃべり、ジャニス・ジョップリンのように黒人顔負けのグルーヴでブルースを歌う歌手をあがめ奉るのは、規範に対抗するというより、逆行する快さをエンジョイするものであった——そう考えた方が、六〇年代が、それ以後の高度消費社会へどのようにつながっていくのかという問題が、少なくとも整理しやすくなるように僕には思えるのです。（203ページ）

この洞察は、一面では、六〇年代文化の「政治的」な意義を生真面目に探求しようとする立場にとっては不都合なのかもしれないが、より大きな歴史的文脈に照らしていえば、かなり核心を突くものではないか。白人によって「逆行の快」の源泉として「発見」された黒人やその他のグループ（たとえば「東洋」も含めて）が、それに対してどう反応したのか、ということも、当然真剣に考えなければいけないが、ともあれ、過剰な理想化も、筋違いの矮小化も退ける「世界の六〇年代逆行文化」論が、ほかならぬ佐藤良明によって書かれることを強く望む。

ところで、「逆行」という言葉から私自身が即座に思い出したのは、私が深く敬愛する大阪の音楽家、カオリーニョ藤原の名曲「逆行人生」である。彼は、関西ブルースからキャリアを開始し、やがて、超絶的に洗練されたボサノバ・ギターを弾きながら江州音頭ばりにコブシのききまくった歌を歌う、「演歌ボサノバ」というスタイルを創始した。「「立派」になっていく」（147ページ）ことで失われた「リキミ&ブルース」を復興する存在と考えられるかもしれない。ボサノバ（これも「B」だ）という音楽が、ブラジルにおけるEとBの衝突によって生じたサンバと、アメリカにおけるEとBの交渉から生まれたウエストコースト・ジャズが交わってできたものであり、また関西ブルースも、日本のなかで、中央集権的な力から逃れて展開した稀有なBJ結合であることを考えあわせるとさらに興味深い。ちなみに、七〇年代前後の「ラドレミソ歌謡」の隆盛には、ピンキラの「恋の季節」をはじめセルジオ・メンデス（セルメンはかなりアメリカ化されたボサノバだが）の影響はかなり強いのではないかと考えている。カオリーニョ藤原の音楽は、E／B／J図式の限界に挑戦するような雑種的なものであり、進化論的にいえば、次世代以降にどの程度展開されるかわからない突然変異的な存在ではあるが、もしかしてレッドベリーが年老いてから白人聴衆に「発見」されロック革命の触媒となったようなことが、この先起こらないとも限らない。

話題が予期せぬ方向に展開してしまった。そろそろまとめに入ろう。「J-POP」がまだ新語だった時代に書かれた本書は、近代の「日本の歌」を、単なるエピソードの集積ではなく、また単なる洋楽受容史でもない仕方で、より射程の広い知的関心に基づいて捉えようとする先駆的なものであった。二一世紀に入って、ポピュラー音楽研究が学問分野としてある程度認知されはじめ、しかもそれが、輸入音楽の輸入理論による研究とは一線を画すものになってゆく上で本書の意義はきわめて大きい。しかし、その音階論的な歌謡曲分析という方法は、七〇年代の日本文化論の影響を色濃く受けたもので（というか、私がそのようにしか読めなかった、ということにすぎないのだが）、ある社会集団の音楽的特徴を離散的に捉えられた音階という変数によって理解する、いわば静態的なものだった。それに対して、この増補改訂版では、日本のポピュラー（ヴァナキュラー）音楽を学術的に扱うことが二〇世紀ほど突飛ではなくなった状況を反映して、また、アメリカにおける同種の状況の展開と、大和田俊之『アメリカ音楽史』を代表とするその日本への積極的な紹介を経て、音階にとどまらない音楽的特徴の構造的な分析と、それを世界史的な文化的変容への意志と結びつける、という大きな〈進化〉を遂げて帰ってきた。対象とする音楽は二〇世紀末から広がってはいないが、その視点は二〇年分の広がりと深まりをたしかに獲得している。

「鼻歌がその純粋な形であるような」(10ページ)うたが、いま、どこにあるのか。CDが冗談のようにバカスカ売れていた時代から遠く離れて、二〇世紀の音楽実践を強く枠付けてきた音楽産業の常識は知らぬ間に雲散霧消している。しかし、そのあとに来たものがなんなのか、その只中にいてもわからない。その姿を描くために、創造的に、価値転覆的に「逆行」してみる必要は失われていないだろう。そしてそれは、快楽的な営みでもある。本書は、知的かつ快楽的な「逆行」のための、絶好の手がかりであり、これからもそうあり続けるだろう。

(わじま ゆうすけ/ポピュラー音楽研究)

[著者]
佐藤良明（さとう・よしあき）
アメリカ文学者、ポピュラー音楽研究者。1950年山梨県生まれ、群馬県出身。東京大学文学部卒業。同大学院人文科学研究科博士課程中退。東京外国語大学外国語学部助教授、東京大学教養学部教授、放送大学教養学部教授などを歴任。アメリカ文化、ポップカルチャーを起点にした研究を行っている。主な著作に『ラバーソウルの弾みかた』（平凡社ライブラリー）、『郷愁としての昭和』（新書館）、『これが東大の授業ですか。』（研究社）、『ビートルズとは何だったのか』（みすず書房）、『佐藤君と柴田君』（柴田元幸共著、新潮文庫）、『佐藤君と柴田君の逆襲!!』（柴田元幸共著、河出書房新社）、主な翻訳に、グレゴリー・ベイトソン『精神と自然』『精神の生態学』（以上、新思索社）、トマス・ピンチョン『ヴァインランド』『スロー・ラーナー』『競売ナンバー49の叫び』『重力の虹』（以上、新潮社）、ジョン・レノン『らりるれレノン』（筑摩書房）など。

平凡社ライブラリー 880
ニッポンのうたはどう変《か》わったか
増補改訂 J-POP 進化論

発行日…………2019年4月10日　初版第1刷

著者……………佐藤良明
発行者…………下中美都
発行所…………株式会社平凡社
〒101-0051　東京都千代田区神田神保町3-29
電話　(03)3230-6579［編集］
(03)3230-6573［営業］
振替　00180-0-29639

印刷・製本……中央精版印刷株式会社
DTP…………平凡社制作
装幀……………中垣信夫

ISBN978-4-582-76880-0
NDC分類番号767　B6変型判(16.0cm)　総ページ272

平凡社ホームページ　http://www.heibonsha.co.jp/

落丁・乱丁本のお取り替えは小社読者サービス係まで直接お送りください（送料、小社負担）。